# Fantasias Sensuais

## 50 Tons de Sedução
### Como Seduzir um Homem

Celine Kirei

Edição 2015

# Fantasias Sensuais

## 50 Tons de Sedução
Como Seduzir um Homem

Celine Kirei

Eden

© Copyright 2015 - by Celine Kirei
Edição 2015

Todos os direitos desta edição reservados à EDITORA EDEN,
Rua Schiller, 143 - cj. 1502 - Curitiba - PR - CEP 80050-260
Tel./Fax (41) 3264-5572

Tiragem: 2.000 exemplares
Projeto Gráfico e Diagramação: Edwaldo Vieira
Impressão: Reproset Indústria Gráfica Ltda.

**Dados Internacionais de Catalogação na Publicação (CIP)**

K11p

Kirei, Celine
    Fantasias Sensuais: 50 Tons de Sedução - Como Seduzir um Homem / Celine Kirei. - Celine Kirei
Eden, 2015.
124 p. : il. ; 20 x 13 cm.

ISBN 978-85-98691-17-6

1. Autoestima. 2. Relação homem-mulher. 3. Sedução.
4. Excitação sexual. 5. Kadosh, Carlos. I. Título.

CDD (22ª ed.)
306.77

Proibida a reprodução total ou parcial desta obra, de qualquer forma ou por qualquer meio eletrônico, inclusive por meio de processos xerográficos sem a premissão expressa dos editores (Lei nº 9.610 de 19.2.98)

# Índice

Apresentação......................................................................7
   Como seduzir com amor............................................... 7
Introdução........................................................................9
O prazer e as fantasias.................................................. 13
   Aula de fantasias sensuais............................................15
   A Importância das fantasias......................................... 16
      Os benefícios para a saúde................................... 17
      As fantasias e autoconfiança................................ 17
   Como melhorar o relacionamento
   com as fantasias sensuais............................................ 18
      Como conquistar e manter um homem
      apimentando o relacionamento!............................ 18
      Algumas dicas para seduzir e apimentar o sexo.............20
   As fantasias sensuais em todos os tons........................ 26
      A terapia das cores nas fantasias........................... 26
      As cores influenciando as fantasias.......................29
   Fantasias como terapia popular....................................31
      Viagens e fantasias................................................ 32
   Poder mental e fantasias..............................................33
      Visualizar é o primeiro passo para concretizar.............34
   Como planejar sua fantasia.......................................... 35
      Um menu de músicas para a sua performance............... 36
      Prepare-se............................................................. 41
      Como escolher sua personagem............................ 42
      Treinamento das fantasias..................................... 45
   As fantasias preferidas................................................ 46
      Fantasias clássicas................................................ 48

Fantasias lúdicas..................................................52
Fantasia selvagem..............................................61
Fantasias temáticas............................................ 65
Fantasia poderosa.............................................. 73
Fantasias e fetiches............................................ 76
Submeta-se ao prazer.........................................79

## Novas ideias..............................................82
Um banho erótico...............................................82
Sexo oral estilo tailandês....................................82
Culinária erótica................................................. 83
   Erotic peaches...............................................83
   Salada de Afrodite......................................... 85
   Os tons de vermelho...................................... 86

## Para tudo dar certo com as fantasias sensuais........... 89

## Lingeries e fantasias........................................... 95
Saiba usar e tirar as lingeries para suas fantasias...........95
   Os tons de lingeries....................................... 96
   Como tirar sua lingerie ou fantasia..................98
   Acessórios e complementos......................... 102

## Guia sex shop para fantasias sensuais...................... 107
Ideias para decorar o ambiente e fantasiar.................. 107
Fetiches para suas fantasias sensuais.......................... 109
   Erotize com estes "sex toys"......................... 110
Cosméticos sensuais..............................................112
Brincadeiras de adultos......................................... 113

# Apresentação

## Como seduzir com amor

Este livro é especial para quem gosta de novidades eróticas, é compacto, tem linguagem fácil, pode ser levado na sua bolsa e até nas suas viagens para que você tenha sempre "boas ideias".

Aprender e realizar fantasias sensuais ajuda a desenvolver o processo de sedução, aumentando a segurança e a autoestima. É muito importante para toda mulher não perder o contato com a própria sensualidade.

Muitos homens desejam secretamente que sua companheira seja uma grande amante diferente de todas que já conheceu. Que tal presentear sua amada com este livro?

A explosão de erotismo ocasionado pelo "Best seller" e o filme "50 Tons de Cinza" reacendeu a liberação de mais ousadia e criatividade em casais do mundo inteiro, o que impulsionou como nunca a busca de acessórios eróticos, aprender pompoarismo e fetiches para realizar suas fantasias.

O prazer e o orgasmo se intensificam ao realizar as fantasias eróticas, e as mulheres sentem maior excitação e lubrificação vaginal quando se prepararam e também durante a performance. As novidades para turbinar o sexo como as fantasias sensuais são potentes preliminares. Usar o seu poder de sedução protege e mantém aquecido o seu relacionamento.

*"Dizem que um homem que tem uma mulher que sabe fazer fantasias tem um harém, e não precisa de mais ninguém"...*

Desejamos felicidades e momentos inesquecíveis para todos!

# Introdução

Fantasiar é dar asas à imaginação, ir além dos seus próprios limites, estimular sentimentos e sensações e assim aprofundar a relação do casal. As fantasias sensuais podem ser usadas para conquistar e também para manter a pessoa amada.

Sou escritora e professora de artes sensuais do workshop "Deusa do Amor" e um dos cursos favoritos que ministro é o de fantasias sensuais. Sou apaixonada pelo meu trabalho e adquiri através de muitos anos de ensino um carinho especial em relação às fantasias sensuais. Constatei que muito além de entretenimento a prática saudável das fantasias é um excelente recurso terapêutico na vida sexual dos casais. Como profissional da área de saúde tenho também dedicado minha vida aos estudos e pesquisas na prevenção e melhoria da saúde sexual. Meu objetivo é ajudar as pessoas a ter uma melhor qualidade de vida e a serem mais felizes no amor e no sexo. Sempre é uma alegria ensinar e aprender com as alunas e leitoras. Também é gratificante saber sobre os resultados positivos após a leitura de nossos livros e dos treinamentos. Agradeço de coração a todos pelo carinho e amizade.

Atualmente, cresce cada vez mais o número de profissionais que trabalham na área da sexualidade, são pesquisadores, professores, médicos, empresários, etc., que atuam neste importante segmento ligado à saúde e à qualidade de vida. Por trabalhar em área similar, conhecemos e temos amizade com muitos deles e, de uma maneira ou de outra, estamos sempre sabendo através dos desabafos de muitas situações delicadas, cômicas e outras vezes constrangedoras envolvendo estes profissionais que ainda nos dias de hoje são discriminados ou confundidos até por pessoas mais próximas como parentes, vizinhos e conhecidos. Muitos de nossos amigos e eu mesma passamos por tantas situações incríveis que dariam um bom livro ou filme, que eu chamaria de "Os Profissionais do Sexo." Hoje, até podemos levar com mais leveza e até sorrir quando as pessoas... Vamos dizer, pensam ou fazem "pequenas confusões" no dia a dia achando que somos "diferentes", "anormais", mais "liberais" e assim por diante...

Tantas coisas mudaram depois da virada deste século, mas sabemos que as pessoas que trabalham ou possuem sex shop ainda não escapam dos "comentários" e muitos chegam a se divertir com eles. O lado bom de tudo isto é que o setor do erotismo se estabelece cada vez mais como tendência, devido ao público estar vencendo a timidez, rompendo com antigas limitações e aderindo definitivamente a este novo mundo de novidades para o prazer. As muitas fábricas e confecções de fantasias sensuais e lingeries, bem como o crescimento no setor comprovam o aumento da procura dos itens para a sensualidade feminina.

Hoje são muitas as representantes e vendedoras de produtos eróticos no país e a maioria tem se saído muito bcm, mesmo que algumas delas não possuam o incentivo do próprio marido ou companheiro. Continuam com "garra" e persistem, auxiliando no sustento de suas famílias trabalhando em um mercado que só cresce: O das lingeries, fantasias e acessórios sensuais. Mas quem conhece melhor estas "heroínas" sabe que são pessoas iguais e como "todo mundo" tem as suas famílias, sonhos e ideais.

O setor relacionado a sexualidade aumenta o conhecimento, saúde e prazer a um público cada vez maior e ávido por novidades, como podemos constatar com o sucesso crescente das grandes feiras como a" Erotic Fair" em São Paulo, Rio de Janeiro, nos Estados Unidos e Europa. Existe ainda uma aura de pecado ou perversão quando se trata do assunto, mas, como tudo na vida pode ser usado para o mal ou para o bem, o sexo não é diferente! Neste momento em especial, agradeço e parabenizo a todos os que trabalham para trazer a todos o lado feliz, criativo e saudável da sexualidade.

O que desejo verdadeiramente e peço a Deus que eu tenha sempre sabedoria e força para realizar a missão de auxiliar a "curar" o sexo, e trazer para as pessoas novas maneiras de "expressar o amor"! Muito amor, felicidades e sucesso a todos!

Celine Kirei

# O prazer e as fantasias

Convido você a buscar maneiras criativas de estimular sua vida amorosa com as fantasias sensuais. São algumas sugestões para você começar neste caminho que poderá desvendar novos prazeres. Procurei escrever de uma maneira mais livre como são as fantasias. Sinta-se livre para criar as suas. A proposta deste livro é facilitar e aumentar a coragem e a ousadia para praticá-las e poderá servir de apoio as alunas que frequentam nossos cursos presenciais, enquanto que o livro "Strip Tease: Como conquistar um Homem" que lançamos recentemente poderá ampliar os conhecimentos de artes sensuais com outra técnicas e estilos como "chair dance","lap dance"," erotic dance", etc.

Mas neste momento em que desenvolveremos o tema de fantasias sensuais vou procurar incentivar mais os processos criativos individuais com ideias inéditas selecionadas e desenvolvidas para servir de motivação, assim, cada leitora poderá expressar livremente seus desejos e desenvolver suas criações. O treinamento das fantasias e striptease podem trazer muitos benefícios. Os resultados são mais eficazes se praticados regularmente. Mantenha os livros próximos a você, é importante treinar sempre e surpreender seu parceiro. Tenha certeza que as fantasias poderão trazer também muita alegria e momentos inesquecíveis. *"É melhor ser alegre que ser triste, a alegria é a melhor coisa que existe" — Vinicius de Morais.*

Acrescentei alguns textos e frases de escritores e poetas. Grandes mestres da criação de nossos mais belos sonhos e fantasias. "Agradeço a todos os verdadeiros tesouros" que nos deixaram.

Através das fantasias sensuais podemos aquecer ao máximo o relacionamento. Podemos até esquecer uma "transa normal", mas o sexo aquecido por uma excitante fantasia é inesquecível! Fantasiar com o seu marido ou namorado. Surpreender a pessoa amada afastando a rotina. Aumentar a chama da paixão e fazer renascer a emoção. São os melhores presentes que recebemos quando realizamos nossas fantasias sensuais.

Muitas pessoas ainda têm medo de suas fantasias sensuais. Elas pensam que é algo pecaminoso ou de pessoas

pervertidas. Mas as fantasias que vamos sugerir neste livro são saudáveis, lúdicas e divertidas, mas sempre muito apimentadas. Todas as pessoas e casais maiores de idade podem também se beneficiar das sugestões deste livro nos seus relacionamentos independente da sua orientação sexual (homo ou heterossexual). Para a mulher solteira aprender fantasias sensuais faz com que o contato com a sexualidade e poder de sedução não sejam esquecidos, mas desenvolvidos, preparando-a para o momento em que conhecer ou reencontrar "aquela pessoa muito especial". Então, valerá a pena a dedicação aos treinamentos das performances de fantasias e striptease que naturalmente aumentam a sensualidade, a segurança e a autoestima.

*A criatividade é uma dádiva que pertence a uma Deusa do Amor. São mulheres que sempre querem aprender mais e aprimoram a Arte de fazer amor com toda a força e intensidade da sua alma. São as grandes amantes que fazem do sexo uma obra prima. São também a maior dádiva que um homem pode receber de Deus.*

## Aula de fantasias sensuais

Este livro é baseado no método inédito criado para o "workshop Deusa do Amor", para o Curso de Fantasias Sensuais. Através de nossa experiência desenvolvemos etapas e o passo a passo para tornar o aprendizado mais fácil e didático, sempre de uma maneira dinâmica e lúdica:
1ª - A Importância das Fantasias Sensuais;

2ª - Os benefícios para saúde sexual e aspectos psicológicos;
3ª - Como planejar e se preparar;
4ª - Saber classificar as fantasias e escolher de acordo com cada ocasião;
5ª - Linguagem e expressão corporal de acordo com o personagem;
5ª - Como desenvolver autoconfiança, eliminar a timidez para adquirir mais sensualidade e ousadia;
6ª - Ampliar a criatividade dos movimentos e da dança;
7ª - Aprender as posturas e olhares que aumentam a sedução.
8ª - Treinamento das performances das básicas: lúdicas e temáticas até as mais avançadas.
9ª - Desenvolver fluidez e ritmo e saber criar e improvisar novas fantasias sensuais.

## A importância das fantasias

Muitas pessoas ainda não conseguem entender para que servem as fantasias, especialmente as eróticas. Algumas dizem que são apenas devaneios imaginários sem nenhum sentido. Mas, como se sabe ,muitos livros e filmes são produto da imaginação e fantasia dos autores e, entre eles, famosos Best Sellers e filmes. Para falar uma verdade simples as pessoas gostam de ler, assistir e também ter as suas próprias fantasias. Muitas procuram realizar suas fantasias eróticas e outras nem sabem por onde começar. Mas o que pouca gente sabe são os benefícios das fantasias sensuais para a saúde, aspectos psicológicos e melhorar o relacionamento.

## Os benefícios para a saúde

O lado bom das fantasias é que elas ativam nosso processo criativo e nos dão prazer... E as sensações de prazer no cérebro produzem uma profusão de hormônios na corrente sanguínea liberando dopamina, serotonina, etc. E tudo isto faz bem para a saúde, aumenta o poder imunológico, nos deixa mais felizes e até rejuvenesce.

## As fantasias e autoconfiança

Podemos notar que as pessoas que usam sua imaginação de maneira positiva e buscam efetivar as suas melhores fantasias têm maior probabilidade de fazer com que elas aconteçam na realidade. Exemplificando, se alguém quer mais prosperidade em sua vida, o sonho e a imaginação e até a fantasias podem ajudar a conquistar seus objetivos na realidade, desde, é claro, que a pessoa também tenha atitude e parta para a ação. Para as pessoas que estão apaixonadas, fantasiar com prazer como vai ser o primeiro encontro a sós, ou os próximos, simular em sua mente situações e ações pode ajudar no encontro real. A imaginação fará com que muitas cenas e fantasias se transformem numa espécie de roteiro que pode auxiliar a decidir como será a melhor maneira de fazer a aproximação melhorando os aspectos psicológicos, especialmente no processo de sedução.

As fantasias também podem funcionar para desenvolver a autoconfiança. Se uma pessoa fantasia sobre uma cena de um encontro amoroso, quer estar mais atraente e começa a imaginar: Como vai andar. Como estará vestida... O que irá falar e assim por diante... É provável que em breve esta pessoa esteja buscando na realidade aumentar a boa aparência, o charme e a autoconfiança, desejando que as fantasias aconteçam na vida real, aumentando muito a probabilidade de ser bem sucedida.

As fantasias podem ser uma excitante preliminar erótica. Podem ser divertidas e produzir mais desejo sexual. Arrumar um tempinho para passar no sex shop predileto escolher a personagem, decorar o cenário, as roupas e acessórios antecipam a emoção e aumentam muito o tesão, imaginando os "momentos quentes" que estão por vir... Muitas mulheres têm orgasmos mais intensos após realizar uma fantasia sensual.

As fantasias são excitantes sexuais intensos que estimulam a criatividade, prolongam as preliminares e podem gerar um clima de maior cumplicidade, afeto e aumentam o tesão do casal.

## Como melhorar o relacionamento com as fantasias sensuais

### Como conquistar e manter um homem apimentando o relacionamento!

Para aquecer o namoro ou casamento, aprenda novas maneiras de usar o seu potencial de sedução e poderá sentir como é divertido e excitante manter acesa a chama da paixão. As mulheres que possuem diferenciais e sempre têm novidades criativas como fantasias sensuais e jogos eróticos, protegem e mantém o entusiasmo no seu namoro ou casamento. Todo homem deseja uma mulher quente! Quando você tem uma atitude mais ousada e sexy com o seu parceiro, com certeza, será mais fácil conseguir aquele carinho mais íntimo, aquelas palavras repletas de calor e paixão e ainda estimular ao máximo o desejo do seu amado.

Antes de tudo você precisa preparar seu lado feminino e sensual. Se você trabalha fora ou estuda, quase sempre tem muitas outras coisas para fazer ao chegar a casa, como dar atenção ao companheiro e aos filhos, além dos trabalhos domésticos. Hoje nos dedicamos ao máximo na vida profissional e familiar, mas não podemos nos esquecer de melhorar nossa sexualidade. Sabemos que atualmente o excesso de atividades diversificadas exige muita energia das pessoas levando ao stress que altera o humor e diminui o desejo sexual; justamente por isso é imprescindível dedicar com frequência um tempo para você cuidar da saúde e ficar mais sexy e bonita, ou simplesmente relaxar um pouco fazendo uma atividade que lhe proporcione prazer — isto poderá aliviar o stress e cansaço renovando assim a energia para o sexo. Procurar novidades para surpreender e dar um "up grade" para se transformar numa grande amante, incorporar a mulher quente e sensual que todo homem deseja pode se transformar em uma atividade excitante e prazerosa. Muitas mulheres estão aproveitando a explosão de erotismo ocasionado pelo "Best seller" e agora filme "Cinquenta Tons de Cinza", o qual reacendeu ainda mais a liberação de uma sexualidade mais ousada em casais do mundo inteiro devido às cenas de sexo descritas no livro onde os personagens Grey e Ana usam fantasias ousadas e acessórias eróticos como vibradores, bolas de pompoarismo e, claro, chicotes, algemas, dentre outros fetiches. A procura por fantasias e lingeries sensuais nos sex shops está superaquecida com milhares de mulheres que buscam lingeries, livros e acessórios para realizar suas fantasias sensuais.

Que tal aproveitar o momento e também fazer a sua vida sexual "pegar fogo"? Libere sua imaginação e viva intensamente tudo o que sempre desejou. Agora é a hora de colocar mais tesão e paixão e ser a protagonista de uma vida mais interessante, rica em momentos inesquecíveis. Seduza, aprendendo a fazer fantasias sensuais. Quanto mais você for criativa e ousar mais, vai manter o fogo da paixão entre vocês.

## Algumas dicas para seduzir e apimentar o sexo

### Desenvolva seu poder feminino

Use afirmações para aumentar sua autoestima, a sexualidade e melhorar os aspectos psicológicos. Repita com frequência mensagens positivas, por exemplo, fale com convicção para você mesma frases como: "Eu sou uma mulher maravilhosa!", "Eu fico cada dia mais sexy!", "Sou uma amante ousada e atraente!"... Assim por diante. Seja esperta, não ligue para os seus "defeitinhos" que todas nós temos: (gordurinhas, celulites, etc). Mostre o que você tem de melhor! Sinta-se poderosa e sensual, independente de seu tipo físico ou idade. Valorize seus pontos fortes. Assuma com personalidade e charme sua beleza e estilo.

## Seduza seu marido ou namorado

No começo do relacionamento o sexo é geralmente mais excitante porque neste período tudo é novidade. Mas a questão é como continuar seduzindo seu parceiro depois de um longo tempo juntos.

Surpreenda seu amado experimentando ter uma atitude mais ativa, como em geral os homens fazem para seduzir. Mas procure não exagerar e comece gradativamente, se ele não está habituado com uma atitude mais sexy e poderosa. Use sua intuição para tudo dar certo! Saiba que os homens adoram e se sentem excitados em saber que ainda são importantes e atraentes para sua mulher, especialmente se vocês estão muito tempo juntos. Por exemplo: Que tal falar mais sobre o tesão que você tem por ele, olhar para seu parceiro com desejo, como no início do namoro ou tocar no corpo dele, ou no seu de uma maneira sexy? Dicas simples de como estas fazem muita diferença. Qual homem não deseja, secretamente, ser seduzido por sua esposa ou namorada?

## Inove sempre suas técnicas de sedução

Ampliar sua criatividade e usar novas maneiras para estimular seu parceiro é muito importante para evitar a rotina. Experimentar locais diferentes para fazer amor, conhecer um novo motel ou viajar para o campo ou praia afrodisíaca. Muitos casais deixam de "namorar" depois que vêm os filhos. Não deixe isto acontecer com vocês — reserve um tempo só para vocês. Sabemos que muitas mulheres, de maneira intuitiva, usam estes segredos simples de sedução, que são básicos, mas essenciais para aumentar o erotismo do casal e também mantém seus companheiros sempre interessados e apaixonados. Na próxima viagem não se esqueça de levar uma loção ou géis para massagem sensual, velinhas aromáticas, lingeries, fantasias ou acessórios eróticos para deliciosas brincadeiras mais "calientes".

## Capriche nas preliminares

Prolongar o tempo dos estímulos eróticos antes de fazer amor é muito importante para intensificar o prazer e orgasmo e, no caso do homem, preliminares bem executadas podem aumentar o tempo de ereção melhorando a performance sexual do casal. Coloque uma lingery bem sexy, um roupão ou kimono por cima. Peça para ele sentar e ficar bem "bonzinho". Comece a tirar o roupão com charme, coloque as mãos dele para trás e use a faixa para amarrar. Faça uma pose elegante e arqueie as costas como uma gata, comece a tocar seu corpo com as mãos de uma maneira suave, lenta e com prazer, como se estivesse tomando um delicioso banho. Repita os movimentos no corpo do homem começando pelas pernas e vá subindo lentamente. Depois passe a mão em forma de garra de cima para baixo. Expresse seu desejo através do olhar e, com os toques, faça-o sentir seu tesão. Deixe a área genital por último e continue com sexo oral ou massagem "lingan" (membro masculino).

## Amplie sua criatividade e inteligência sexual

Para seduzir um homem é importante ampliar a criatividade e inteligência sexual. Tenha sempre "muitas cartas guardadas na manga", aprimore seus conhecimentos na arte erótica como as gueixas, as francesas e a famosa personagem "Sherazade", que contava uma história diferente em cada noite e assim, manteve o interesse e despertou a paixão do poderoso soberano. Vá desvendando aos poucos seus segredos, não faça tudo de uma vez só, assim você mantém o homem sempre interessado e curioso. A cada transa uma novidade inusitada e surpreendente. Por exemplo, um dia uma massagem sensual, no outro uma fantasia sensual e assim por diante...

## Transforme-se numa grande amante

Para conquistar e manter um homem sempre interessado, faça crescer cada vez mais a expectativa sexual do seu companheiro. Isto é importante em todos os relacionamentos. Quanto mais você aprender técnicas de arte erótica, mais vai manter a chama da paixão entre vocês.

*"A mulher boa de cama não é aquela que acha que sabe tudo, mas aquela que sempre quer aprender mais...".* O mesmo é valido para os homens. O segredo das grandes amantes é que elas adquirem um alto nível de cultura

sexual e não se contentam com pouco, são mulheres com grandes diferenciais que vão desde saber fazer selecionadas posições de Kama Sutra, massagear com maestria o membro masculino com as massagens secretas do pompoarismo durante o sexo ou surpreender com uma massagem ou banho tailandês. Ter uma atitude mais ativa e ser mais autoconfiante no momento de seduzir um homem fará com que ele se sinta privilegiado com uma esposa ou namorada que realiza fantasias sensuais divertidas ou mais ousadas. As artes sensuais podem ser incorporadas ao menu erótico de toda mulher sensual... Desta maneira, será mais fácil tornar-se a estrela da sua vida e do seu amado!

## Romantismo e sedução

Considero o romantismo um dos grandes prazeres da vida. O amor se torna mais intenso e o sexo mais apaixonado. É incrível como o sexo pode pegar fogo depois de uma noite romântica, ampliando os sentimentos, a paixão e o tesão... A vida pode ser muito mais para quem sabe fazer da sua vida um verdadeiro romance!

"Você não precisa se transformar" em uma heroína de novela ou filme do tipo "água com açúcar." Mas convidar o seu gato para um jantar à luz de velas com champanhe ou passar um final de semana na praia ou numa pousada, são atitudes que nunca vão sair de moda. Leve umas "surpresas eróticas" para sua viagem a lugares e cidades românticas, e prepare-se para uma vida mais excitante e cheia de aventuras.

## As fantasias sensuais em todos os tons

Há milênios as cores do arco íris nos encantam com a sua forma e os seus belos tons. São citados na Bíblia como uma aliança entre o divino e o humano. O arco íris também inspirou temas para livros e filmes para adultos, bem como muitas histórias e filmes infantis. A partir dos anos 70 foi escolhido pelo público "gay" por simbolizar alegria e diversidade. No caso deste livro, usaremos os tons das cores do arco íris para estimular a sensualidade.

### A terapia das cores nas fantasias

Na cromoterapia, o uso das cores pode ser terapêutico se usado em benefício à saúde. Ainda pouco conhecida, está entre os recursos mais prazerosos e eficazes para aumentar a criatividade nas performances de fantasias eróticas e no sexo. O uso das cores e também diversificar experiências sensoriais com aromas e sabores ampliam os estímulos levando a uma sexualidade mais intensa e sofisticada.

### As sensações e a sensualidade

Através de coisas muito simples como abrir a sua janela e observar as cores, as árvores e os tons do céu, ou sair pelo seu bairro caminhando e olhar as plantas, as flores e os detalhes das casas podem abrir novos caminhos e novas percepções que a conectem com o prazer e a sensualidade. Aprender olhar as coisas de uma nova maneira, como se fosse à primeira vez... Fazer amor como se fosse à primeira vez... Agradecer ao Criador por tantas dádivas, poder amar, andar, sentir, ver... Viver intensamente as sensações. Tornar reais as suas fantasias! Celebrar, estar viva! Celebrar a alegria! Celebrar o amor!... Cada momento é sagrado, viva com intensidade!

## As sensações e as paisagens

As sensações podem auxiliar e estimular nossas fantasias. Viver e viajar por um país como o Brasil, que tem como todos sabem as suas dificuldades, mas, por outro lado, uma extraordinária diversidade cultural e natural pode ser um verdadeiro privilégio para a vida sexual e amorosa. As mulheres brasileiras são famosas no mundo inteiro pelo seu charme e sensualidade. São mulheres de todas as raças, cores e idades, conhecidas no mundo inteiro como verdadeiras musas inspiradoras de amor e sedução. E existem motivos fortes para as brasileiras serem tão sensuais! As praias e as cores de um país tropical; a natureza exuberante das florestas e dos rios, o clima, a diversidade e a beleza das nossas paisagens, e assim por diante. Confesso que sou apaixonada pelo Brasil, suas paisagens e sua riqueza de cores, aromas e sabores.

As diferentes sensações e experiências que temos durante um passeio ou viagem em lugares próximos ou mais distantes, podem servir de estímulo para ampliar a criatividade e assim se expressar melhor em todos os sentidos, em especial, em relação à sexualidade. Viajar ou fazer alguma coisa diferente do habitual pode ativar sua criatividade. Foi assim que eu mesma realizei muitas das minhas inesquecíveis fantasias sensuais. As sensações de prazer podem nos trazer mais tesão e energia.

Recentemente, foi num final de tarde, em Pernambuco, na cidade de Olinda, quando parei um pouco de escrever e saí pela cidade para caminhar que resolvi falar neste livro, sobre a importância das cores e de seu efeito afrodisíaco. Andando pelas ruas e apreciando a beleza das cores das casas coloridas e das plantas avivadas pela chuva da tarde, consegui lembrar e perceber como a visão das cores, os sons e outras sensações são importantes para nos conectarmos com nossa própria natureza. No final da tarde, quando começou a anoitecer, como um sinal divino se formou o mais lindo arco íris que vi em minha vida. Apareceu no alto da Igreja do Amparo e completava a paisagem como uma pintura com infinitos tons e cores. Todas estas visões e cenas belíssimas que são puro êxtase nos enchem de prazer e estimulam todos os nossos sentidos. Muitas vezes, cenas comuns do dia a dia podem explicar a sensualidade que floresce em todos os cantos do país.

O Brasil é um exuberante cenário de personagens femininos inspirados na sensualidade de suas mulheres como Gabriela do romance de Jorge Amado, dentre outros. Um terra de muitas histórias reais de grandes personalidades femininas como Chiquinha Gonzaga, a maestrina que viveu afrente do seu tempo, tendo em uma época conservadora uma relação intensa com um homem muito mais jovem. Também, da sedutora Dona Beija de Araxá e de Chica da Silva que, pelos seus "encantos", de escrava passou a ser tratada como uma rainha, assim como tantas outras mulheres que nos fazem concluir que a sensualidade é uma tradição antiga em nosso país.

## Todos os tons do seu arco íris

Como viver em um país como este e não aproveitar o efeito de tantos tons de cores e sabores? Na realidade, podemos aproveitar e são bem vindos todos os 50 tons de cinza importados. Mas, saber usar mais os tons das infinitas cores do nosso país para estimular o erotismo poderá ser uma arte a ser desenvolvida. Também desfrutar com mais intensidade da nossa conhecida alegria de viver e felicidade que são características naturais do nosso povo, é uma forma maravilhosa de ampliar a sexualidade de uma maneira mais lúdica.

## As cores influenciando as fantasias

Incorpore o uso das cores para as suas fantasias e o próprio ato sexual ficará mais criativo. "Variar as cores refletindo as sensações que você quer expressar incorpora personalidade na arte de fazer amor". Esses são alguns exemplos de cores para usar em suas fantasias ou jogos sensuais:

**Rosa -** Os tons de rosa inspiram feminilidade, afeição e romance. Use os tons róseos em fantasias lúdicas e femininas ou em jogos sensuais carinhosos. Decore o ambiente com flores ou frutas em tons de rosa, como pêssegos, e use véus ou lençóis em tons de rosa. São tons especiais para trazer mais afeto, amor e carinho ao casal. Esta cor e seus tons podem ser usados nas fantasias lúdicas e com "tema de época".

**Vermelho -** Os estimulantes tons de vermelho nos trazem a intensidade do amor e da paixão. Para fazer suas fantasias mais quentes e para fazer pegar fogo a sua noite com os jogos mais eróticos, use esta cor na sua lingery e na decoração. Leve frutas, velas ou lâmpadas vermelhas e use essências afrodisíacas.

**Laranja -** Esta cor estimula a vitalidade, a movimentação e a alegria. É ótima para aumentar o ânimo e renovar as nossas forças. Faça das suas fantasias uma realidade. Transar em um final de tarde em uma praia deserta sob luz do sol poderá nos conectar com esta cor e nos fazer transbordar de energia.

**Amarelo -** Esta cor estimulante pode ir de tons mais claros e também se aproximar de tons mais dourados. A cor amarela nos remete ao otimismo, a prosperidade e a riqueza. São tons ideais para fantasias mais sofisticadas. Use no ambiente seda e tecidos finos, e complemente com objetos dourados. Você pode variar estes tons nas lingeries e acessórios.

**Azul -** Os tons de azul vão desde os mais claros, como a cor do céu e outros mais intensos como os do mar, se aproximando muitas vezes do azul turquesa de algumas praias paradisíacas. Esta cor nos traz a sensação da leveza e da liberdade do ar e os azuis intensos, a profundidade e o mistério. Conecte-se com esta cor nas fantasias mais fluídas como odaliscas e marinheira. E se não houver ninguém por perto, vocês poderão realizar a fantasia de transar numa piscina ou praia deserta.

**Verde -** Esta cor nos remete as plantas e o verde dos mares. Especial para os "amantes da natureza". Incorporar esta cor nas suas fantasias é mais fácil quando saímos da cidade e vamos a locais onde estas cores predominam. Leve filtro solar e loção repelente de insetos para tudo dar certo. Você já transou debaixo de uma árvore enorme ou próxima a uma cachoeira? É simplesmente maravilhoso, e o tesão vem com toda a força da natureza. Aproveite a vida!

## Fantasias como terapia popular

Em nenhum lugar no mundo se usa tantas fantasias e se encontra tanta sensualidade como no carnaval brasileiro. Ninguém se diverte mais do que nosso povo, e lembre também que nenhuma época do ano é mais erótica. É uma espécie de catarse coletiva em que as pessoas colocam para fora sua alegria, seus sonhos e fantasias, funcionando como uma terapia popular. Brincar e liberar os sentimentos são essenciais para manter a sanidade até em tempos difíceis, e ninguém mais do que o povo brasileiro sabe viver as fantasias e se restaurar com a alegria do carnaval. São poucos dias, mas ajudam muita gente a encarar a realidade de suas duras vidas no dia a dia para o ano inteiro. E, como o povo sempre diz... "Para tudo se acabar na quarta feira".

Mas, em seguida, ir embora para casa, sorridente e feliz! Por que o ano que vem tem mais!...

E, para falar, o poeta:
*"Se o amor é fantasia, eu me encontro ultimamente em pleno carnaval"*
Vinicius de Morais.

## Viagens e fantasias

Quando você está viajando pelo Brasil terá muitas oportunidades de aproveitar as paisagens e belezas naturais para enriquecer suas fantasias sensuais. Por exemplo, você já transou próximo a uma cascata ou num por de sol na beira de um rio ou em num luxuoso iate? Não importa o seu estilo de viajem, o essencial é que você saiba aproveitar o melhor dela e fazer de qualquer viagem um momento único e inesquecível, realizando suas fantasias mais quentes!

Para quem viaja ao exterior também terá muitas oportunidades de se extasiar com as mais diversas paisagens para inspirar suas fantasias. Como não estimular todos os sentidos caminhando numa tarde de primavera em Paris, no Jardim de Luxemburgo com suas flores multicoloridas? Passar um final de semana com seu amado nos perfumados campos de lavanda, próximos a Aix Provènce? Para quem prefere algo mais erótico, ir a um "cabaret" ou fazer um passeio noturno no "Red Lights Distrit", em Amsterdã.

## Poder mental e fantasias

Segundo Catherine Ponder, minha escritora predileta — mesmo não a conhecendo pessoalmente, considero-a como uma grande amiga —, nos seus livros nos presenteia com sua preciosa sabedoria: "Uma pessoa pode criar tudo que possa imaginar". A imagem mental cria as condições e as experiências de nossas vidas e das nossas realizações. Todas as invenções geniais como tudo o que temos hoje como carros, aviões, televisão e até a internet são o resultado da imaginação das mentes criativas dos inventores. Catherine também ensina que se a pessoa tiver a coragem de continuar idealizando o que quer, a imaginação dela começará a trabalhar a fim de concretizar o que idealiza e, no devido tempo, estará trabalhando pelo que deseja. Tudo o que à mente for ensinado a desejar ela construirá, produzirá e fará frutificar.

Também Charles Fillmore descreveu o poder extraordinário da imaginação dizendo: "A imaginação leva ao ser humano a capacidade de se projetar no tempo e no espaço e de superar todas as limitações". Experimente usar o poder da imaginação, o que inclui as suas fantasias mais desejadas. Você pode estar perguntando se isso é verdade. Comece a praticar fazendo exercícios para ter um controle consciente de seu poder de imaginação para motivá-la a ter saúde, riqueza e felicidade, como sempre ensina minha querida amiga Catherine. Aproveito também para dizer que eu gostaria muito que você me considerasse como sua amiga estimada leitora.

## Visualizar é o primeiro passo para concretizar

Uma sugestão de um exercício simples para exercitar suas fantasias que vai ajudar muito para realizar as suas viagens ou o que você quer que aconteça na sua vida: Se formar, prosperar ou conhecer o amor da sua vida e assim por diante...

Se você gosta de viajar e quer concretizar o seu desejo, comece a usar esta dica que sempre ensino para minhas amigas e que sempre funcionou muito bem em toda minha vida. Conecte-se com os locais que você sonha e quer conhecer. Saiba tudo sobre eles ou outros de seus locais prediletos. Visualize e potencialize seus pensamentos. Fantasie, crie cenas na sua mente imagine-se feliz andando nestes locais. E acredite, o pensamento tem poder de atrair as coisas que queremos na nossa vida como viagens, sucesso, prosperidade e até um grande amor!... São as dádivas que Deus presenteia quem tem pensamentos positivos... Experimente!

*"Não há nada como o sonho para criar o futuro"*
*Vitor Hugo*

## Como planejar sua fantasia

Para você tornar sua transa inesquecível prepare o ambiente e seu visual. Uma bela decoração do ambiente aumenta o desejo e estimula os sentidos. Planeje como será a transformação da sua sala ou quarto, ou leve alguns itens sensuais para o motel para criar um cenário erótico. Procure alguns objetos e decore com criatividade, use almofadas, tecidos, véus, flores ou frutas, etc. Coloque seus acessórios pelo ambiente como plumas, véus, leques ou objetos como algemas e chicotinhos para fazer uma fantasia mais ousada. Providencie a iluminação do ambiente com luz indireta usando lâmpadas vermelhas ou de outras cores quentes para dar um ar de mistério, o que pode torná-la mais sedutora e desinibida. Prepare seu rosto e corpo com antecedência com o uso de esfoliante e um hidrante com perfume suave. Também é muito importante avisar o seu parceiro com uns dias de antecedência com uma mensagem provocativa, para que ele se prepare para a ocasião e reserve a energia para você.

As músicas devem ser escolhidas com antecedência de acordo com a performance que você esta planejando. O mais importante é evitar músicas tristes ou muito românticas, procure as mais sexy e energizantes. Para as fantasias lúdicas use músicas mais alegres. Nas fantasias poderosas você poderá usar rock, pop, dance, etc. Quando você vai representar uma personagem temática, escolha de acordo com cada performance e use músicas com temas orientais para sua gueixa, de dança do ventre para sua odalisca ou Cleópatra e assim por diante...

## Um menu de músicas para a sua performance

Selecionamos algumas músicas de vários estilos para diversas personagens e momentos para você se inspirar. Mas são apenas sugestões, escolha sempre os temas e ritmos da sua preferência e do seu companheiro.

### Fantasias sensuais
♥ Simplc the Best (Tina Tuner) - Para fantasias poderosas e felinas.

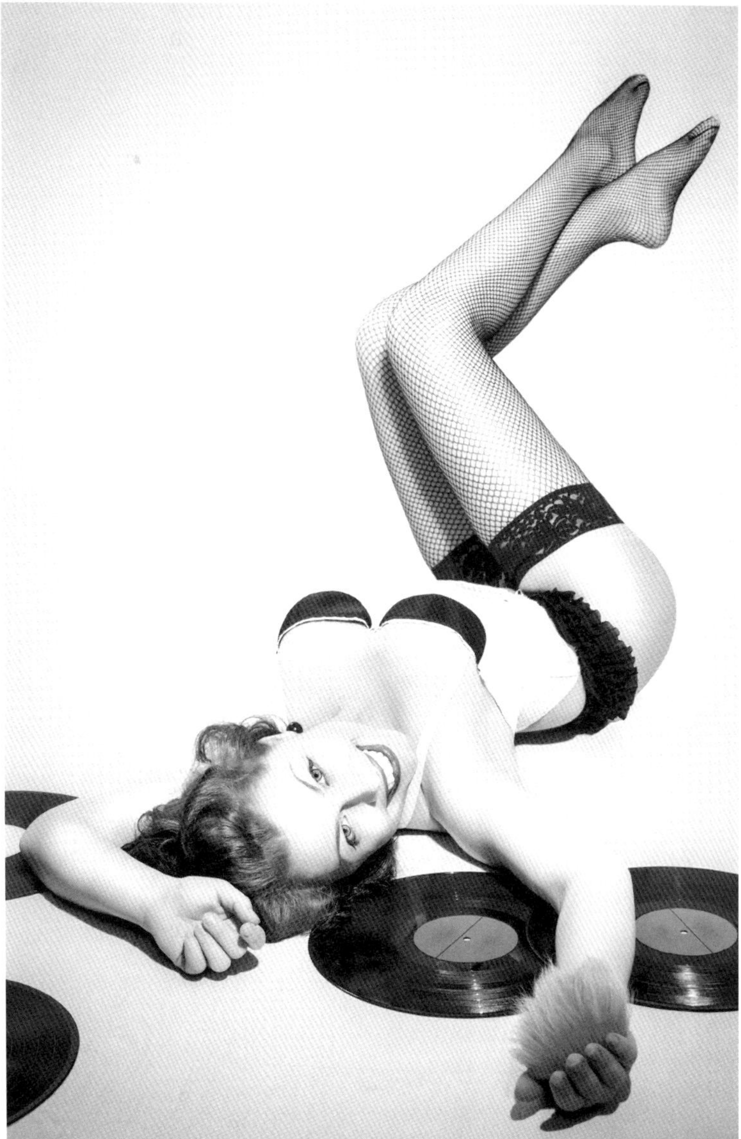

- ♥ Sweet Dreams (Eurythmics) - Ideal para personagens poderosas e fetiches.
- ♥ Put Your Records On (Corinne Bailey Rae) - Fantasias bem humoradas como colegiais, gatinhas, etc.
- ♥ Erotica, Justify my Love e S.E.X. (Madonna). Próprias para personagens ousadas como garotas de programa e fantasias com fetiches.
- ♥ She Wolf (Shakira) - Para mulheres selvagens como lobas, panteras, tigresas e assim por diante...
- ♥ You're Still the One e Man! I Feel Like Woman (Shania Twain) - Especial para country-girls.
- ♥ Fire (Bruce Springsteen) - Para uma fantasia de incendiar a noite com muito tesão, use em bombeiras, policiais, etc.
- ♥ Dance for You e Naughty Girl (Beyoncé) - Para você que quer arrasar em fantasias com striptease.
- ♥ Nauthy Girl (Beyoncé) - Para meninas sapecas que brincam de enfermeirinhas, empregadinhas, etc.
- ♥ Baby Can Dance (Carsie Blanton's) - Alunas, colegiais, etc.
- ♥ You know I'm no Good (Amy Winehouse) - Fantasias de bad girls como mafiosas, bandidas, mascaradas, etc.
- ♥ Glam, Desnudate, Vanity e Still Dirty - (Christina Aguilera). Uma seleção de músicas para fetichistas, garotas de programa e vamps.
- ♥ L'Amour (Carla Bruni) - Personagens sexys e sofisticadas.

**Fantasias temáticas**
- ♥ Believe (Cher) - Pode ser usada em muitas fantasias, ótima para quem gosta de free stile. Use em odaliscas estilizadas e com fantasias coloridas ou com brilho.

- ♥ Red (Cher) - Fantasias em tons de vermelho nas roupas ou ambientes.
- ♥ Dov'e L'Amore (Cher) - Ciganas e espanholas estilizadas.
- ♥ Volare, Bamboleo, Baila Me (Gipsy Kings) - Para ciganas "calientes".
- ♥ La Dona, La Quiero (Gipsy Kings) - Para os "gitanos' apaixonados.
- ♥ Marco Polo (Loreena McKennitt) - Cleópatra e outras egípcias.
- ♥ You Can Leave Your Hat On (Joe Cocker) - Mais conhecida para temas com striptease.

### Estilos "vintage e burlesque"
- ♥ Big Spender (Pearl Bailey) - Muito sexy e sofisticada.
- ♥ I Just Want to Make Love to You (Etta James) - Sexy e "chic".
- ♥ Cabaret e Mein Herr (Liza Minelli) - Clássica para chair dance e personagens de cabaret.
- ♥ Fever (Peggy Lee) - Ideal para um strip do tipo dominadora e "chic".
- ♥ OO Poppa Do (Little Ester) - Animada
- ♥ Welcome to Burlesque (Cher) - Para moças de cabaret dos dias de hoje.
- ♥ I'm a Good Girl (Christina Aguilera) - Maravilhosa para vedetes, show girls, etc.
- ♥ Nasty Naughty Boy (Christina Aguilera) - Um luxo para fazer uma vedete sofisticada.
- ♥ Musicas no estilo "Charleston"- Para personagens "vintage" e melindrosas.

## Músicas nacionais

- ♥ Tigresa (Ney Matogrosso) - Pode ser usada na abertura para fazer um charme nas personagens selvagens ou felinas.
- ♥ Gatas Extraordinárias (Caetano Veloso) - Para fazer uma gata especial.
- ♥ Shy Moon (Caetano Veloso) - Para fantasias de gueixas e orientais, como também em massagens sensuais.
- ♥ Malandragem (Cássia Eller) - Combina para fantasia de colegial.
- ♥ Dona do Meu Pensamento (Charlie Brown Jr.) - Para quem curte "skate" ou tem namorado skatista.
- ♥ Sandra Rosa Madalena (Sidney Magal) - Muito divertida para uma fantasia lúdica de cigana.
- ♥ Folhetim (Gal Costa) - Pode ficar interessante para fazer uma abertura de uma dama da noite.
- ♥ Cama e Mesa (Roberto Carlos) - Ideal para fantasias românticas, datas especiais de namoro ou casamento, etc.
- ♥ Coisa Bonita (Roberto Carlos) - Para fantasias lúdicas para gordinhas sensuais e poderosas.
- ♥ Chocolate (Tim Maia) - Use em fantasias, jogos eróticos e massagens sensuais regadas a chocolate.
- ♥ Máscaras (Pitty) - Para gatas que adoram usar máscaras e fazer surpresas.
- ♥ Gostosa (Wando) - Ousada e lúdica para criar uma personagem como uma vizinha sedutora, empregadas gostosas e outras garotas sapecas.

**"Prestigie seus artistas prediletos, garanta a qualidade adquirindo os CDs originais".**

## Prepare-se

Planejar uma noite de sedução ou fantasias faz parte do prazer. É como diz o ditado popular "O melhor da festa é esperar por ela". Aqui estão algumas dicas, o passo a passo dos preparativos de uma fantasia erótica trazem mais excitação e auxiliam a mulher a liberar seu encanto, magia e poder de sedução.

- ♥ Escolha um dia ou uma noite especial em que vocês tenham mais tempo e energia, como num final de semana ou feriado. O ideal é que vocês tenham este tempo sozinhos. É muito importante para o casal ter estes momentos de privacidade até para a sobrevivência do relacionamento.
- ♥ Avise seu parceiro da sua intenção em transformar aquela noite ou viagem em um momento inesquecível. Ele ficará animado e curioso. Fazer surpresas nem sempre dá certo, é melhor avisar e escolher uma ocasião em que vocês dois estejam mais descansados, até para ter mais energia para o que vem depois da fantasia...
- ♥ A iluminação do ambiente para fazer um "show íntimo" auxilia a desinibir e a valorizar a beleza da face e as formas do corpo. Leve velas aromáticas com fragrâncias afrodisíacas ou lâmpadas coloridas com cores estimulantes.
- ♥ A alimentação leve e rica em nutrientes é a ideal. Evite comidas pesadas antes de fazer amor. Prepare uma receita especial ou leve frutas como maçãs, peras, uvas, etc. As castanhas, nozes e passas aumentam a energia para fazer amor.

- ♥ Leve alguns itens de sedução como roupas, ligeries ou uma fantasia sensual. Lembre-se de levar véus, almofadas, etc., que combinem com a performance que você quer realizar.
- ♥ Prepare-se você também para ficar linda! E fale para ele fazer o mesmo. Os cabelos devem estar macios e brilhantes, mais cuidado com xampus, condicionadores e perfumes com cheiro muito forte. As essências suaves são as ideais para que ele possa sentir o seu cheiro natural e ficar mais excitado com a liberação dos feromônios.
- ♥ O mais importante é que sejam momentos inesquecíveis, é normal que aconteçam pequenos imprevistos, mas não ligue para eles. Veja sempre o lado positivo das coisas com bom humor e procure estar feliz ao lado do seu companheiro. Sinta-se confiante para descobrir todo o poder do seu charme e sensualidade.

## Como escolher sua personagem

Procure imaginar e descobrir a fantasia sensual que mais expressa o que você está sentindo e o seu desejo. A escolha também pode variar conforme o ambiente em que você se encontra. Por exemplo: Fazer uma fantasia de gueixa se na sexta à noite vocês vão jantar no bairro oriental da Liberdade em São Paulo. Após uma festa cigana no interior que tal usar a fantasia para esquentar a noite ou se vocês forem ao cinema para assistir os 50 Tons de Cinza, leve premeditadamente suas algemas e seu chicote para "torturar ou ser torturada" por ele...

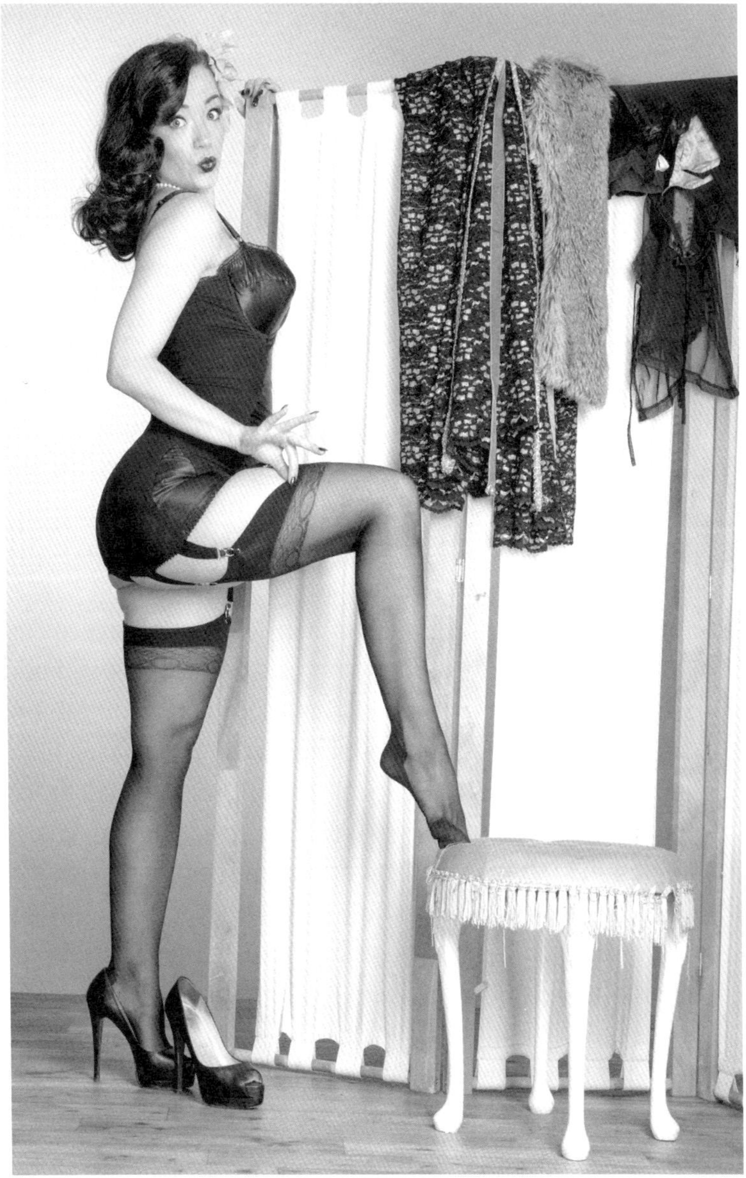

Saber classificar e diferenciar as fantasias pode também ajudar na sua escolha. Para simplificar, podemos dizer que existem 5 tipos básicos de fantasias:

**Clássicas -** Na realidade, são as prediletas de muitas casais. São fantasias em que a mulher pode simplesmente se apresentar com uma lingery nova com acessórios como cinta liga, corselet e assim por diante, ou fazer um striptease em um estilo mais básico.

**Lúdicas -** São fantasias divertidas para provocar o riso. Muita gente não entende porque muitas pessoas adoram estas fantasias e elas estão entre as campeãs dos sex shops. Simplesmente porque rir faz o casal liberar mais serotonina e ficar com mais tesão. Alguns exemplos são as colegiais, empregadinhas, coelhinhas, etc.

**Temáticas -** São performances em que se representam espanholas, ciganas, gueixas, moças de cabaret e assim por diante. São ideais para realizar de acordo com o local e o clima que você quer proporcionar. Você pode fazer uma fantasia de havaiana após um "Luau" na praia ou fazer uma garota programa na volta de uma balada mais quente.

**Selvagens -** Expressam o lado selvagem das imprevisíveis panteras e onças com seu olhar sedutor e o seu jeito de impor respeito, dominado o ambiente. As gatas com seu charme e mistério também podem fazer parte deste contexto. As felinas nos ensinam a ser mais sensuais. Os gestos e a maneira de andar, olhar e dançar de shows eróticos como "Crazy Horse", em Paris, são baseados nos movimentos das felinas.

**Poderosas** - Estas fantasias são muito variadas e podem ser representadas de maneiras muito diferentes, podendo se fazer um performance mais lúdica dançando e brincando com corpetes e chicotinhos. Fazer uma personagem rica ou famosa usando um "coat" que, ao se abrir, exibe uma lingery luxuosa ou outras personagens com roupas de vinil, botas altas e fetiches como algemas, chicotes, etc.

**Fantasias livres** - São as inesperadas e geralmente acontecem sem treinamento, usando livremente o improviso. Por exemplo, uma moça que namora um arquiteto. E enquanto ele atende os últimos clientes do dia, ela inventa uma fantasia. Quando os clientes saem ela inventa um outro nome e incorpora uma personagem sensual. Começa a seduzi-lo e então tudo acontece... Adoro este tipo de fantasia e outras até mais ousadas, mas contarei detalhes de minhas fantasias em livros que estão por vir... aguarde!

## Treinamento das fantasias

Se você quer que sua performance fique mais bonita faça um ensaio do seu show intimo. Coloque a fantasia, prove as lingeries e os acessórios verifique se tudo está no tamanho adequado e combinando. Treine uns dias antes a maneira como vai andar, dançar, tirar a roupa e assim por diante... A seguir, as principais dicas de treinamento:

## Postura e elegância

Independente da fantasia que você vai realizar é indispensável manter a postura elegante durante toda a performance, os movimentos do corpo devem ser fluidos e acompanhar o ritmo da música.

Para treinar suas performances ande e faça poses com as costas arqueadas com o bumbum um pouco arrebitado, pratique andando e dançando com os passos cruzados e charmosos, da maneira como o andam as felinas. Conserve durante todo o tempo a postura elegante e as poses no estilo felina para ficar mais sexy. Por exemplo, não importa se você colocar um dos pés sobre uma cadeira, se encostar na parede ou deitar no solo em todas as performances sensuais, não importa a personagem, sempre arqueie as costas como uma felina.

E em todas as poses, deixe os pés em ponta como as bailarinas. Uma dica é observar as poses das pin-ups, todas mantêm as poses com as costas arqueadas e os pés em ponta, o que aumenta muito o charme. Treine as poses com frequência e estará preparada também para fazer um book sensual.

## As fantasias preferidas

Fique mais irresistível e realize suas fantasias e as dele. A temperatura vai subir com as sugestões que daremos a seguir, das mais divertidas até as mais ousadas para você escolher. As fantasias a seguir são as mais conhecidas e também as prediletas do público feminino, segundo a informação das pessoas que trabalham nos sex shops e boutiques sensuais, apropriadas para quem gosta de apimentar e deixar a transa inesquecível. Com estas ideias você poderá se inspirar e criar outras! Crie! Inove! Surpreenda!

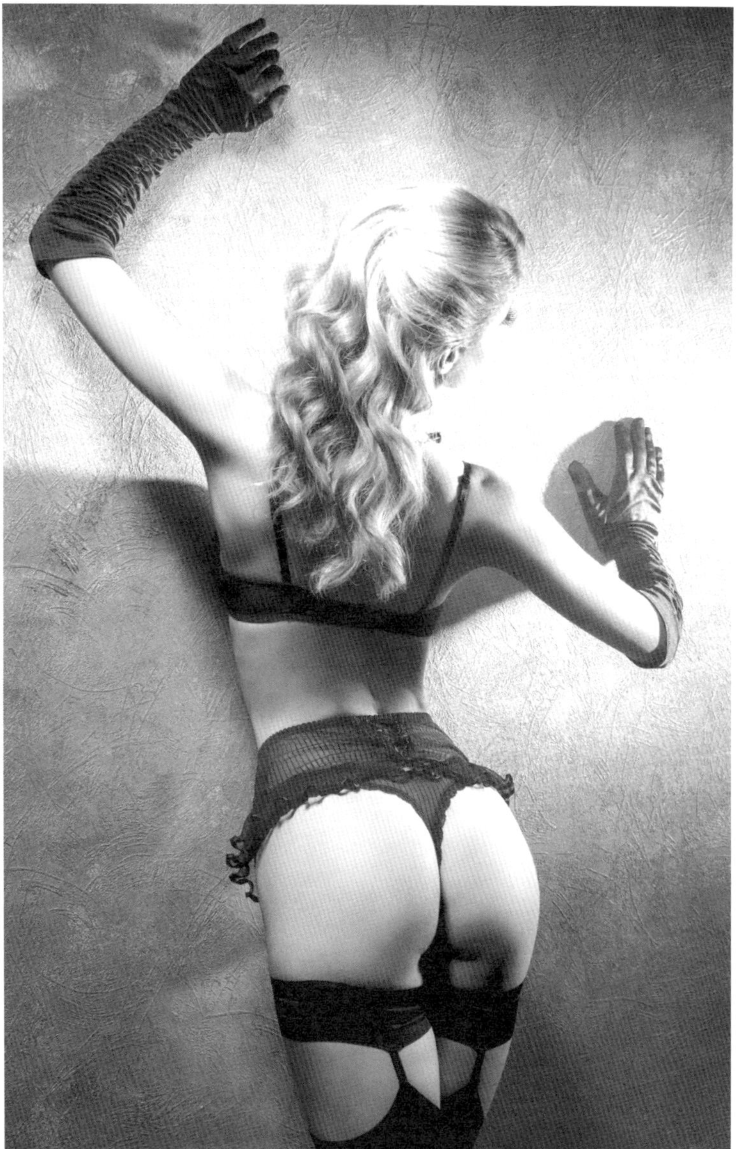

## Fantasias clássicas

São as mais conhecidas, agradam sempre e são mais fáceis de executar, saiba como usar suas lingeries e acessórios. A criatividade pode ser ilimitada nestas fantasias, você pode usar camisolas, lingeries sensuais e acessórios como cintas ligas, meias 7/8 e perneiras. Em uma fantasia clássica, tire as peças de preferência lentamente e sempre provocando. Abaixe uma alça de cada vez e use a técnica de striptease (tira-não-tira) enquanto dança. Para seduzi-lo, olhe com desejo para o seu escolhido e, enquanto dança, vá tirando as peças com charme. A medida que for tirando as peças, coloque uma a uma em um cantinho para não tropeçar. Algumas peças são mais fáceis de tirar como baby doll, camisetas e blusas que podem ser tiradas por cima. Experimente cruzar os braços na frente, agarrando a peça e puxando para cima com charme enquanto dança. Muitos homens fantasiam ver uma mulher com uma camiseta transparente e molhada, – isso pode ser um pouco mais difícil de tirar, mas é sucesso garantido.

## A executiva

Considerada clássica por ser muito conhecida, baseia-se no desejo de muitos homens serem seduzidos por uma mulher rica, poderosa e desejada por muitos, mas que inesperadamente, numa noite especial, vai pertencer somente a ele!.. Esta fantasia pode ser usada por outras personagens como empresárias, celebridades, artistas, etc.

### *Roupas e acessórios*

Use "blazer" ou "coat" e por baixo, uma blusa transparente ou um belo sutiã, de preferência use uma saia modelo envelope (de amarrar com laços na lateral) fica mais fácil de tirar ou uma saia com zíper atrás que é chic, mas demora um pouco mais para tirar. Como acessórios, pode usar óculos escuros, meias 7/8, sapatos com salto bem alto, cintas ligas, etc. Só cuidado para não exagerar com acessórios. Muitas vezes o menos é mais...

Capriche na linguagem corporal e na postura. Você deve entrar cruzando suavemente os passos bem poderosa e desfilar na frente dele. Os óculos escuros podem dar um ar de mistério. Na sequencia, vá tirando os óculos lentamente enquanto olha para seu parceiro com charme e desejo. Comece a dançar acompanhando o ritmo da música, evite rebolar, apenas deixe os quadris soltos e naturais para ficar mais sofisticado. Na sequencia, desabotoe o blazer com calma, abra primeiro um lado e mostre a blusa e depois abra o outro lado. Feche o blazer repentinamente e vire-se de costas, e tire o blazer movimentando de um lado para outro, abaixando-o lentamente, fazendo suspense... Quando conseguir tirar a peça, use a técnica de dar um passo afrente e tente pegar a peça sem que ele

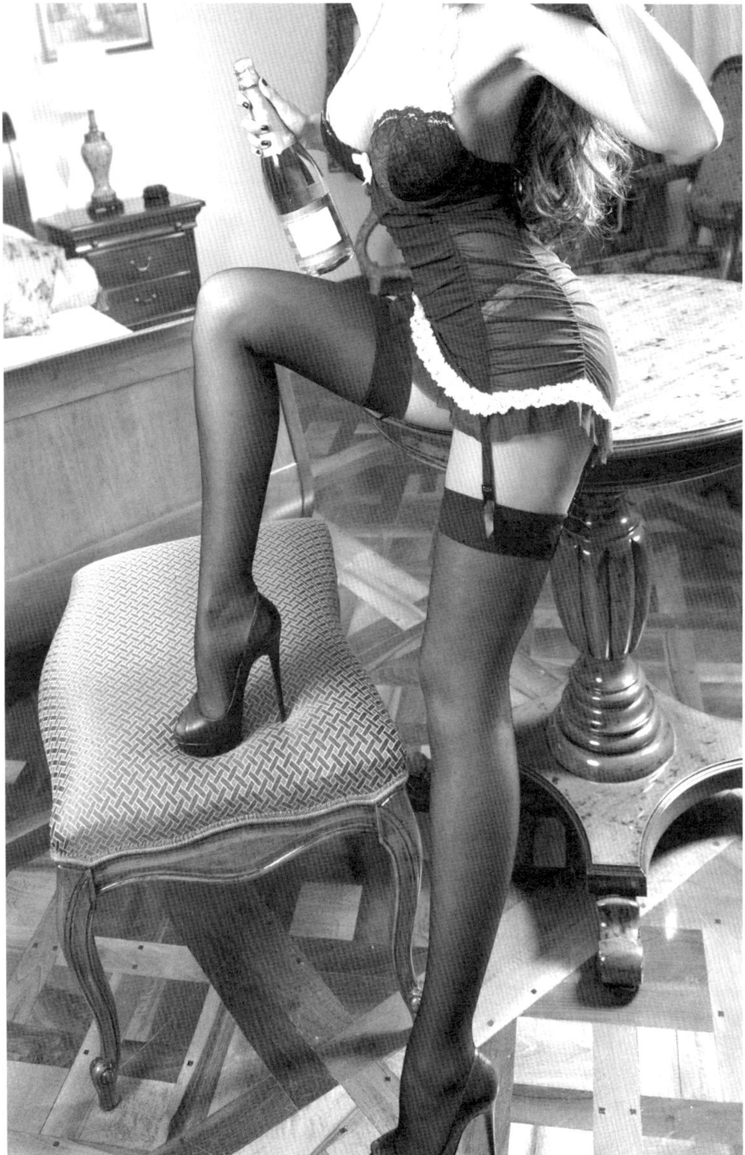

perceba, esconda atrás de você e discretamente atire num cantinho ou coloque num móvel, evite que a peça caia no chão para não tropeçar. No caso de uma saia com zíper, posicione-se de costas para ele e comece a abrir o zíper lentamente enquanto acompanha o ritmo da música. Depois vire de frente para ele e continue tirando o zíper. Quando o zíper estiver totalmente aberto, segure a saia colocando suas mãos nas laterais e movimente de um lado para o outro, abaixando-a lentamente enquanto olha provocativamente para ele... O mais importante é ter calma e tirar cada peça com charme e segurança, para isto é bom treinar antes.

## Fantasias lúdicas

São fantasias alegres e super sexy. São em geral fáceis de executar e apropriadas para quem gosta de se divertir e fazer brincadeiras sensuais com seu amado. Divertir-se e rir com o seu parceiro nas preliminares aumenta a cumplicidade e a felicidade, melhora o equilíbrio hormonal, despertando ainda mais o tesão do casal!

## A colegial

Esta fantasia é uma campeã na predileção em todo o mundo. Remete-nos aos momentos felizes que todos tivemos na nossa adolescência, quando tudo ainda era novidade. A atração pelo sexo oposto, as primeiras paquerinhas e paixões muitas vezes platônicas. Deixe-o feliz fantasiando-se de colegial, pois agora ele realmente pode ter a garota dos seus sonhos... Da maneira como ele sempre desejou... Você!

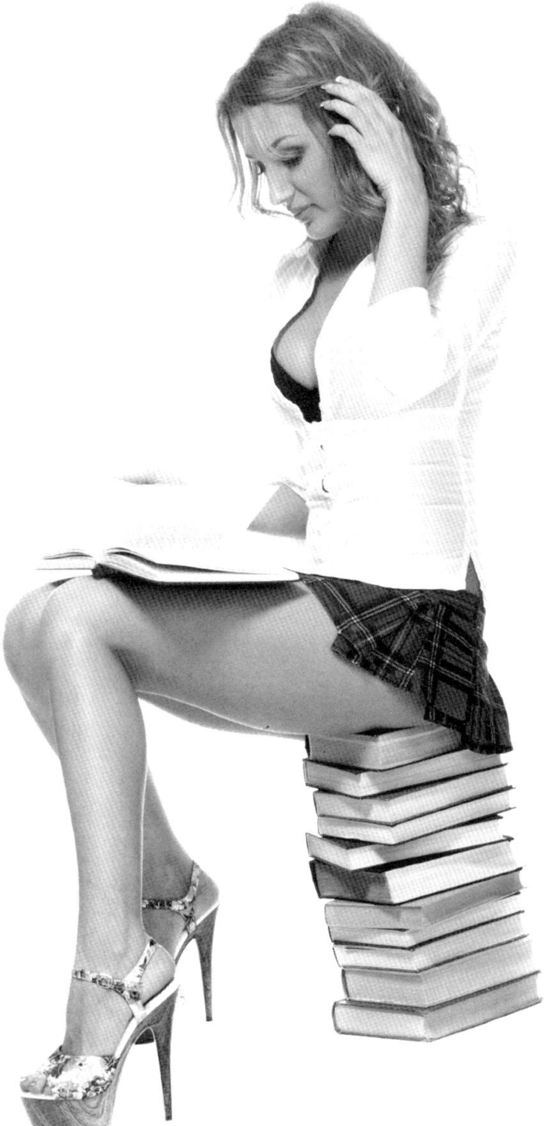

*Acessórios:*

Uma pasta escolar ou algo parecido. Pode ser um livro ou apostila. Laços ou presilhas para o cabelo. Você pode usar os cabelos presos com laços coloridos. Sapatos ou sandálias de salto alto com meias 7/8. Outras opções são sapatilhas ou tênis com meia soquete. Músicas alegres que combinem com o tema. Sugestão: "Sei que ainda sou uma garotinha" da Cássia Eller.

**Make:** Uma maquiagem suave em tons alegres como batom pink, rosa ou coral. Capriche no rímel, deixando os cílios bem curvos.

*Ação:*

♦ Entre usando a linguagem corporal de uma garota sexy e sapeca. Caminhe cruzando os passos, dançando e fazendo poses e provocando-o com striptease.

♦ Faça de conta que você é a aluna e ele o professor e seduza-o impiedosamente...

♦ Ele pode ser seu colega e você vai ensinar a lição de casa para ele...

♦ Sente-se no colo dele, passe gel comestível no seu corpo e no corpo dele e divirtam-se. Use sabores que combinem com o seu personagem como sabor tutti-frutti, morango, etc.

♦ Use a criatividade no seu strip, por exemplo, você pode tirar uma peça de roupa sua e alternar tirando uma peça de roupa dele, fazendo um joguinho sensual como dadinhos para strip ou outras brincadeiras bem quentes...

## A empregada sensual

Esta divertida fantasia faz parte dos sonhos eróticos da maioria dos homens. Imagine como seria para ele ter uma linda garota, alegre e bem humorada e sempre pronta para servi-lo. Ele manda e você obedece: Trazendo um champanhe, frutas ou petiscos afrodisíacos.

*Acessorios:*

Uma das vantagens desta fantasia é que você encontra com facilidade na sua loja predileta, com vários modelos a sua escolha como empregada francesa (tradicional), copeira ou fashion (moderna e estilizada). Existem kits prontos completos com várias pecinhas. O acessório mais usado é o espanador de plumas, mas vale usar também flanela de limpeza ou vassoura. Uma bandeja com frutas e alguma bebida de sua preferência.

**Make:** Vai depender do tipo e personalidade da sua personagem, para negras e morenas combinam tons vermelhos e para louras tons de rosa ou pink.

*Ação:*
- Prepare o ambiente, e quando ele entrar, já vai te encontrar dançando e bem sexy passando o espanador de plumas nos móveis e objetos. Então diga para ele que você é a nova empregada e quer servi-lo em tudo que ele desejar...
- Comece a dançar novamente. Levante um dos braços e passe as plumas do seu espanador pelo corpo, primeiro pelas mãos que vão estar acima da cabeça e vá descendo pelas laterais, acompanhando as curvas do seu corpo. Depois passe as plumas de baixo para cima, empinando o bumbum. Se usar uma vassoura como acessório acaricie o cabo olhando para ele provocativamente.
- Continue a fantasia servindo a sua bandeja decorada e cheia de coisas saborosas. Pode até dar morangos ou uvas na boca dele enquanto tira as peças uma a uma. Agrade bem o seu patrão. Acho que ele vai dobrar o seu "salário" com estas horas extras tão bem "trabalhadas"...

## A coelhinha

Qual o homem nunca fantasiou em ter uma garota ao estilo das coelhinhas da Playboy à sua disposição por toda uma noite? Esta fantasia nos remete aos anos 50 e 60, quando as belíssimas coelhinhas desfilavam lindas nas festas e boates levando ao delírio o público masculino. Imagine você bem sexy usando um colant bem agarradinho no corpo com saltos bem altos, uma verdadeira coelhinha da Playboy para o seu melhor "cliente", seu namorado ou marido...

## Acessórios:

Um kit com a fantasia e acessórios de coelhinha com luvas, orelhinhas e colant. Meias arrastão ou 7/8 da mesma cor do colant, de preferência, sapatos com salto alto estilo scarpin. Uma bandeja com champanhe ou vinho e canapés. Use um cálice bem bonito. Músicas bem sexy, preferentemente dos anos 50 ou 60 e use lâmpadas coloridas com cores quentes como vermelho rosa ou misture as cores no ambiente para parecer uma boate.

**Make:** Capriche no delineador fazendo um traço suave puxadinho para cima, como nos anos 60. Contorne os lábios com um lindo batom bem vermelho.

## Ação:

- Decore como uma boatezinha, com as luzes coloridas uma das paredes deve estar livre de objetos e iluminada por um abajur ou lanterna, ele ficará sentado numa mesinha esperando para ser servido pela coelhinha mais desejada do planeta...
- Coloque as músicas, escolha músicas bem quentes.
- Entre bem sexy, caminhando com passos suavemente cruzados e bumbum empinado. Pergunte ao seu cliente se já pode trazer o pedido.
- Volte com a bandeja e comece a servi-lo, fazendo poses sexys e olhando-o sedutoramente.
- Depois de servi-lo, pergunte ao seu cliente com todo o seu charme se ele deseja algo mais... Faça-o prometer que vai se comportar até o final, senão não terá o seu "show".

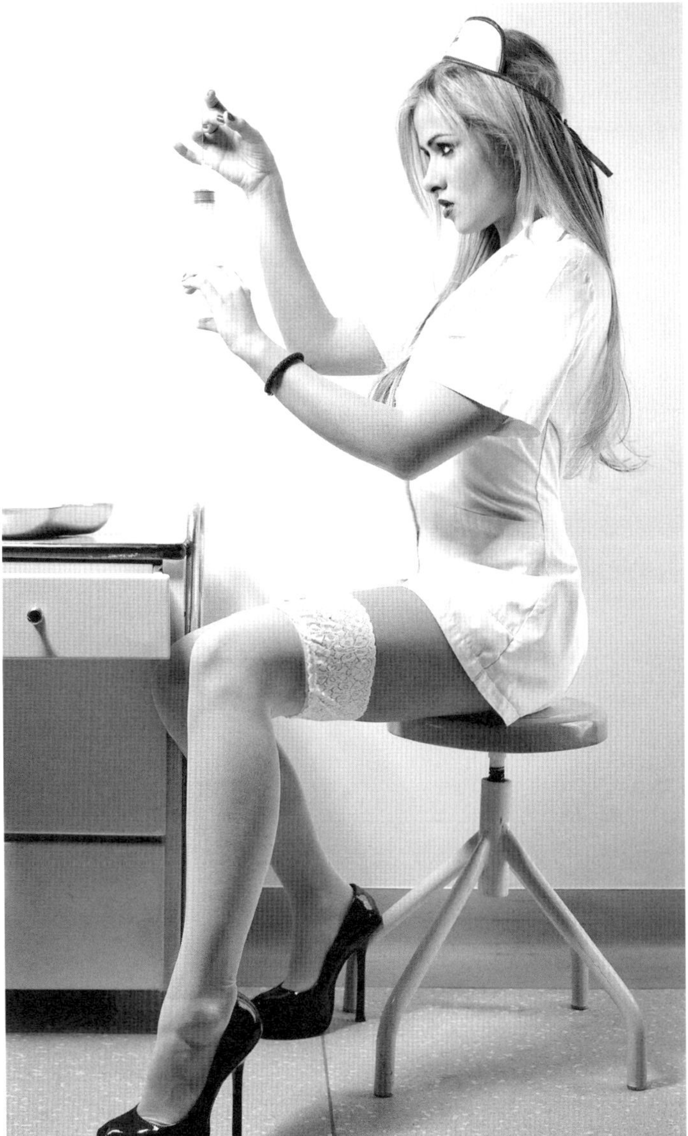

- Saia do ambiente e depois de alguns instantes entre novamente, comece a dançar, encoste-se a parede iluminada e faça poses sexy de frente e depois de costas, as sombras que se formam na parede dão um efeito muito bonito, valorizando sua silhueta.
- Ponha seus pés em ponta na cadeira em que ele está sentado e movimente suas pernas e coxas, que estarão lindas com a meia arrastão.
- Continue dançando e mostrando seus ângulos mais sensuais enquanto tira as peças. Quando estiver quase no final só de calcinha e salto alto, jogue champanhe no seu corpo e convide-o para beber... E o resto não precisa ninguém saber...

## A enfermeira

Uma das fantasias prediletas segundo os sex shops é a enfermeira sensual. É uma das muitas fantasias lúdicas para você variar. Qual homem em suas fantasias não gostaria de ser cuidado por uma linda enfermeira? Uma das dicas principais para esta fantasia dar certo é que o "paciente" precisa neste caso estar com muita saúde para desfrutar do tratamento erótico.

## A marinheira

A graça e a leveza desta fantasia em azul e branco nos remete a viagens nas praias e passeios no mar. Ideal para ser usadas em um cruzeiro ou na beira de uma piscina. Crie uma história para sua marinheira e boa viagem.

## Fantasia selvagem

### A Felina

Para as tigresas, oncinhas e gatinhas que gostam de roupas e fantasias com estampas de felinas, que estão sempre na moda por despertar o lado selvagem fazendo a mulher se sentir mais sexy e poderosa.

*Acessórios:*

Colant, body ou conjunto de duas peças com estampa de sua preferência de oncinha, tigresa ou gata. Vendas para os olhos, chibatinhas de couro, algemas de pelúcia, luvas combinando com a fantasia ou de cetim. Músicas que façam você se sentir bem poderosa, como "The Best" da diva Tina Turner.

**Make:** Os olhos bem realçados com sombra cinza ou prateados e iluminados por uma cor mais clara, para acentuar a força do olhar da felina.

*Ação:*

♦ Primeiro vende os olhos dele, diminua a iluminação e coloque a música.

♦ Entre sentindo-se a mais poderosa das felinas e coloque as mãos para cima e envolva-se em uma capa de tecido transparente. Peça para ele tirar a venda.

♦ Comece o seu show dentro da capa transparente. Faça poses e provoque-o ao máximo, abrindo e fechando a capa. Depois, tire a capa, coloque num canto e volte andando como uma felina cruzando os passos, arqueando as costas e fazendo poses selvagens com as mãos em formato de garra, acariciando o corpo. Dance acompanhando o ritmo da música.

♦ Pegue a chibatinha, aproxime-se dele e cada vez que ele tentar te tocar, bata sem dó! "Quem mandou mexer com a felina"...

♦ Ajoelhe-se, olhe para ele como uma tigresa faminta, arranhando suavemente seus braços e coxas, abaixe-se e comece a engatinhar como uma felina, com bumbum empinado e

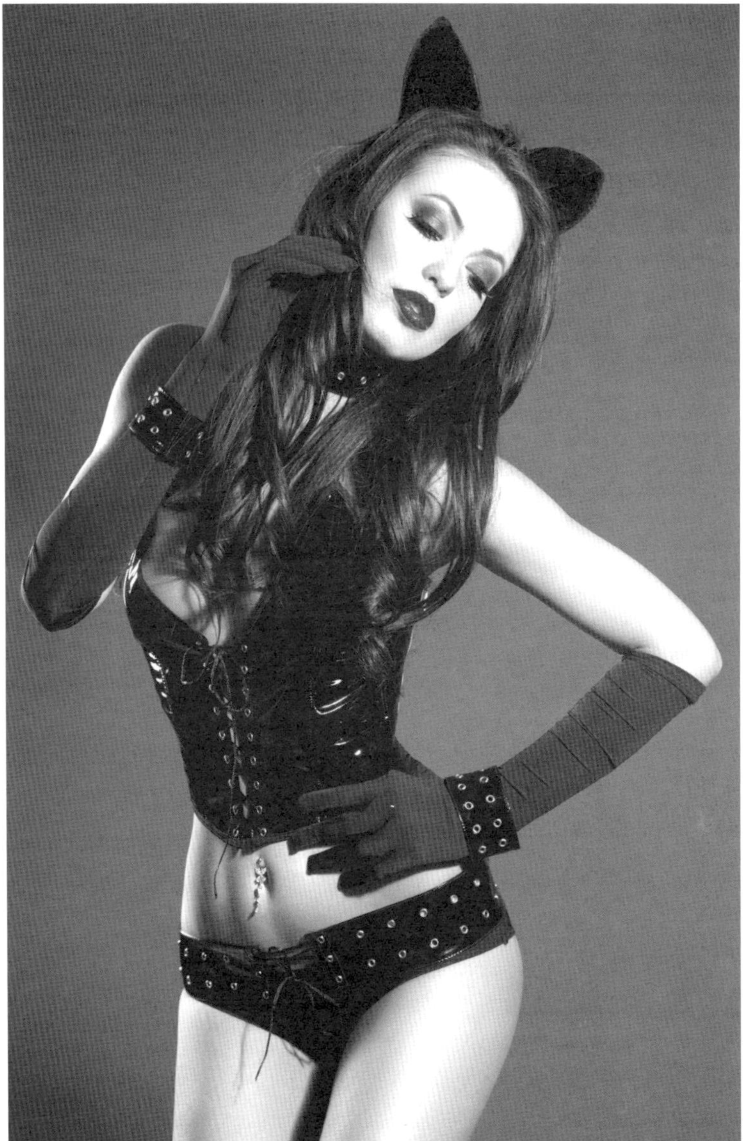

costas arqueadas (lembre da postura também no solo) e depois deite e role bem sexy como as felinas adoram fazer.
- Comece a engatinhar novamente, coloque as mãos nos joelhos dele e comece a subir arranhando suavemente, primeiro as coxas, depois o peito, até o pescoço. Então, comece a morder e beijar, deliciosamente... E vorazmente... Como uma Felina!

*Amor Selvagem*
*Amor,*
*Te amo como um bicho*
*Como um vulcão em fúria.*
*Habito teu corpo como uma luxúria*
*Do prazer,*
*Da magia de amar,*
*Da felicidade de ser o seu guia*
*E amante por toda uma vida.*

*Do livro "Poesias Eróticas" de Carlos Kadosh*

## Fantasias temáticas

Apropriadas para serem usadas aproveitando o clima de ocasiões especiais. Por exemplo, você poderá fazer uma fantasia de gueixa em um dia que for jantar em um restaurante japonês. Fazer uma fantasia de odalisca ou cigana em um dia que jantarem em um restaurante ou festa típica destas culturas. Outra opção é fazer as fantasias temáticas após um filme ou durante viagens que remetam a estas personagens.

## A gueixa

Esta linda fantasia é fácil de execução. Ideal para principiantes e pode ser realizada por mulheres de todas as idades. São muitas as oportunidades que podem te inspirar a fazer esta fantasia. Após ou durante um jantar típico só para vocês dois, ou alugue um filme como "Memórias de uma gueixa" e delicie-se com o seu amado "samurai" numa inesquecível noite oriental.

*Acessórios:*

Um kimono de gueixa longo ou curto. Objetos orientais para decorar, leque e presilhas ou palitos para o cabelo, bandeja com comidas e bebidas típicas (opcional). Óleo sensual para massagem.

**Make:** Faça uma maquiagem delicada usando base bem clara, batom vermelho e faça os olhos puxados com um delineador.

*Ação:*

- Ao som de músicas japonesas, entre lentamente cobrindo o rosto com o leque, comece a dançar com movimentos suaves e delicados, seguindo o ritmo da música e, lentamente, vá abaixando o leque e mostrando seus olhos para ele.
- Seja a mais graciosa e feminina das gueixas, dançando e fazendo movimentos com o leque. Faça movimentos amplos com os braços estendendo-o bem acima da cabeça e depois nas laterais, sempre com movimentos suaves das mãos.
- Os movimentos femininos na dança oriental se assemelham muito a de uma borboleta em pleno vôo, são leves, fluidos e captam totalmente a atenção de quem os observa extasiado pela beleza do momento.
- Depois, dançando, deixe o leque num local próximo e continue a dançar, aproximando-se do seu "samurai". Olhe para ele sedutoramente enquanto solta as faixas de seu kimono lentamente. Vire-se de costas até tirá-lo completamente, pegue-o com uma das mãos e ainda de costas para ele, leve o kimono para o local onde está o leque.
- Coloque o kimono neste local, pegue o leque e use-os para cobrir os seus seios. Aproxime-se enquanto brinca com o leque, ora cobrindo, ora descobrindo seus seios, sempre com movimentos elegantes e sensuais.
- Quando chegar bem próxima, tire a roupa dele e comece a fazer uma massagem nas costas usando o seu óleo sensual. Depois comece a massagem pela frente começando de baixo, na região dos pés e das pernas e

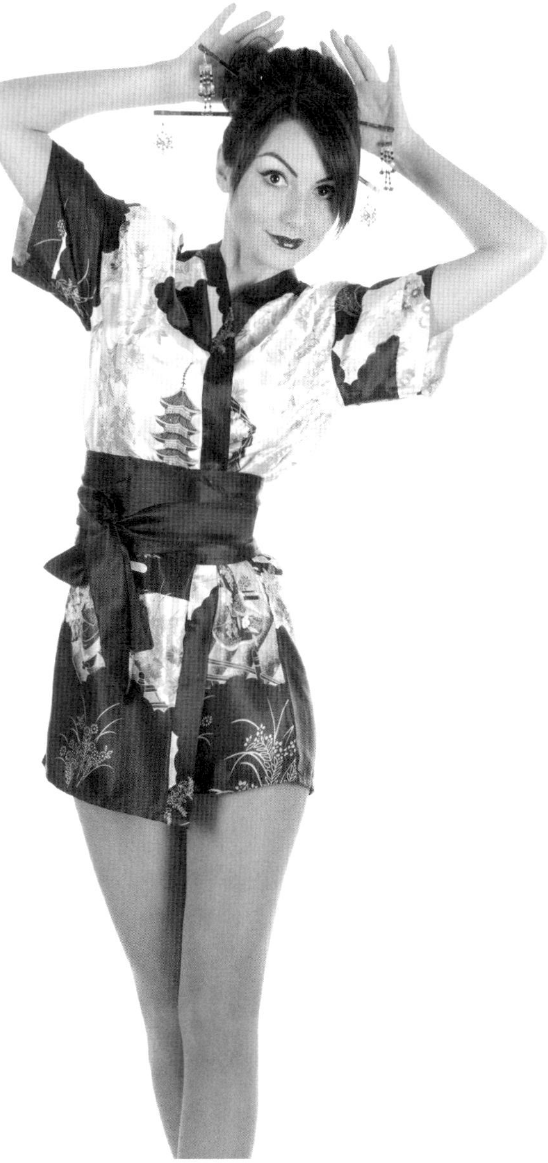

depois suba em direção as coxas e assim por diante... Você pode fazer uma massagem bem estimulante no membro do seu homem e observar a excitação que suas mãos provocam, através da respiração ofegante.

♦ Na sequência, use seus conhecimentos de massagem sensual oriental como a massagem das gueixas e tailandesas. Na hora de transar, deixe-o enlouquecido com os movimentos de pompoarismo da massagem vaginal das gueixas.

## Odalisca

Entre no clima das 1001 noites com esta fantasia que deixa a mulher muito sedutora e feminina, sem limites de idade. Os tecidos transparentes e coloridos das roupas e véus, sempre dão um ar misterioso e exótico. Mas o que mais seduz são os movimentos pélvicos sensuais da dança do ventre, capazes de envolver um homem e deixá-lo completamente impressionado com você!

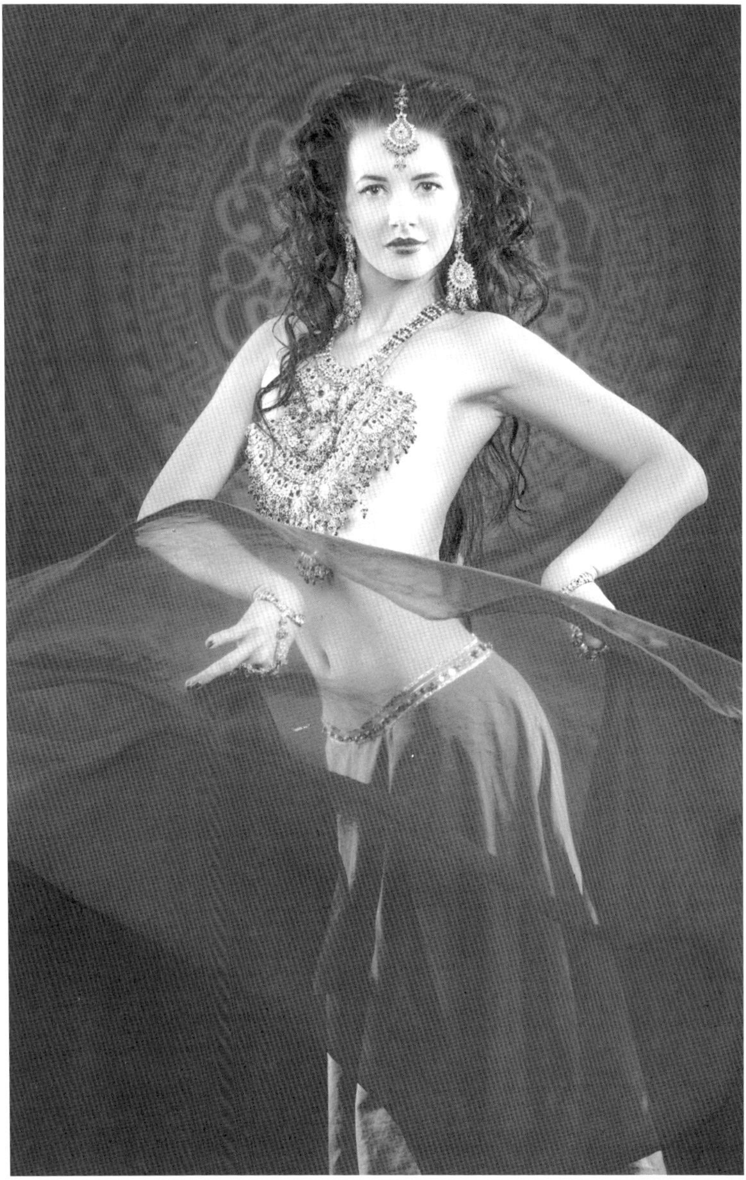

## Acessórios:

Uma linda fantasia na sua cor predileta, véus transparentes para dançar e decorar. Almofadas de cetim coloridas, velas aromáticas ou incensos, uma linda bandeja com delícias típicas e uma seleção de músicas de Dança do ventre.

**Make:** Use de preferência cores alegres, mas suaves bem femininas. Valorize os olhos com sombra, iluminador e delineador, mas sem exagerar para não tirar a expressão do seu olhar.

## Ação:

- Esta fantasia poderá ficar ainda mais linda se você caprichar nos detalhes de decoração, deixando o ambiente perfumado com incensos, velas e óleos aromáticos como sândalo, madeiras orientais ou vanilla.
- Escolha duas músicas para esta fantasia. Uma mais lenta, mas sensual para a entrada, como as da "Loreena McKennitt" ou estilo New Age, e outra com ritmo mais forte e intenso.
- Antes de entrar no ambiente, pegue um véu transparente com as duas mãos e estenda os braços acima da sua cabeça de maneira que cubra o seu rosto e corpo. Entre lentamente acompanhando o ritmo da música. Fique o mais distante dele o possível enquanto dança atrás do véu com movimentos ondulantes por todo o corpo, especialmente na área dos quadris.
- Enquanto dança, vá abaixando o véu devagar provocativamente, mostrando primeiramente somente os seus

olhos. Então olhe para ele, seduzindo-o com o seu poder feminino, enquanto continua no ritmo, em seguida, comece a dançar com o seu véu. Quando o ritmo se intensificar, acompanhe com seus movimentos, depois deixe o véu num canto.
♦ Aproxime-se dele sempre com postura bem elegante e movimentos ondulantes do quadril. Então comece a tirar os véus e as peças de sua fantasia uma por uma. Enquanto tira as peças, você pode dar belos giros, soltar os braços e movimentar as mãos, que na dança do ventre parecem pequenas borboletas voando sem parar. Pare na frente dele e faça algumas poses sensuais. Seu sultão vai ficar encantado com seu poder de sedução! A sua "tenda" vai se transformar no "Jardim das Delicias"...
♦ A partir desta sugestão crie outras como A dança dos sete véus, Cleópatra e muitas outras.

**Cigana**

As mulheres ciganas são ligadas à natureza e aos seus elementos. Possuem a energia da terra, o calor do fogo, a liberdade do ar e a fluidez da água. Estes elementos são visíveis na sensualidade da dança e na alma cigana. Locais próximos à natureza como uma chácara, fazenda ou pousada são ambientes ideais para esta fantasia. As festas temáticas ciganas com as músicas, danças e a presença de fogueira podem estimular ainda mais o desejo de realizar esta fantasia, ou simplesmente se vocês dois já se encontram em um clima de fogo e paixão!

## Acessórios:

Uma fantasia completa com leque decorado, uma rosa vermelha, com cabo e sem espinhos, lanterna ou velas aromáticas, espartilho ou faixa para a cintura e perneira decorada. Músicas ciganas.

**Make:** Escolha tons vermelhos e corais para o blush e batom, use lápis para arquear a sobrancelha e realçar o olhar.

## Ação:

- ♦ Ilumine o ambiente com uma lanterna ou vela aromática, coloque primeiro uma música mais lenta para entrar e, na sequência, coloque outras com ritmo mais "caliente".
- ♦ Comece a fantasia de costas para ele e lentamente vá movimentando o leque em varias direções, sem mostrar

o rosto. Faça algumas poses ainda de costas para ele. Deixe o leque num canto e continue a dançar, vire-se de frente para ele e olhe, seduzindo-o...
- Neste momento, pegue a rosa vermelha que vai estar no seu decote entre seus seios e, com muito charme, coloque entre seus lábios (morda suavemente o cabo para não cair). Aproxime-se, olhando para ele intensamente e entregue a rosa para ele. As ciganas dão uma rosa ao homem escolhido simbolizando amor e paixão.
- A música vai se intensificando e a dança cigana é livre, apaixonada e sensual. Faça movimentos como o das labaredas de uma fogueira, sempre ascendentes, com muito calor e energia. Movimente a saia com as suas mãos, levante um pouco e depois abaixe novamente, provocando-o...
- Peça para ele desfolhar a rosa e jogar as pétalas em cima de você, enquanto você tira as peças da sua fantasia uma por uma, enlouquecendo o seu cigano.
- Depois, use as pétalas da rosa para massagear um ao outro enquanto fazem amor com "Fuego y Passion."

## Fantasia poderosa

Como ele vai resistir a você usando uma fantasia poderosa? Se você é corajosa e quer ficar irresistível, esta é a fantasia ideal para você. A parte mais difícil destas fantasias é terminá-las, porque o homem fica tão louco que é difícil para ele se comportar e aguentar até o final sem te agarrar... É por este motivo que se deve usar algemas, chicotes e chibata...

## A policial

Sucesso absoluto entre as fantasias mais poderosas. A policial erótica sempre dá o tiro certo na hora de seduzir. Use todas as suas armas para arrasar!

*Acessórios:*

Capriche na fantasia que pode ser de couro ou vinil preto, Com botas ou sapatos altos. Use luvas pretas, algemas de metal ou pelúcia e cassetetes. Lanterna é um acessório adicional.

*Ação:*
- Apague as luzes e deixe o homem no escuro por algum tempo. Depois coloque a música.
- Entre no ambiente andando poderosa, com uma lanterna acesa e vá iluminando o ambiente lentamente, parede por parede. Deixe a lanterna apontando para uma das paredes, que deverá estar livre de móveis e objetos para você fazer a performance.
- A linguagem corporal para esta personagem deve representar o poder e autoridade. Caminhe com passos firmes, de preferência com suas botas bem altas, faça uma expressão mais séria com uma pitada de arrogância de quem realmente está no comando da situação, mas sem esquecer o erotismo! E a convicção: Você é sexy! Desejada e pode até abusar do seu poder!
- Caminhe o mais sexy e poderosa possível, indo de encontro à parede iluminada. Encoste-se na parede e faça poses de frente e de costas, mostrando suas algemas ou cassetete.

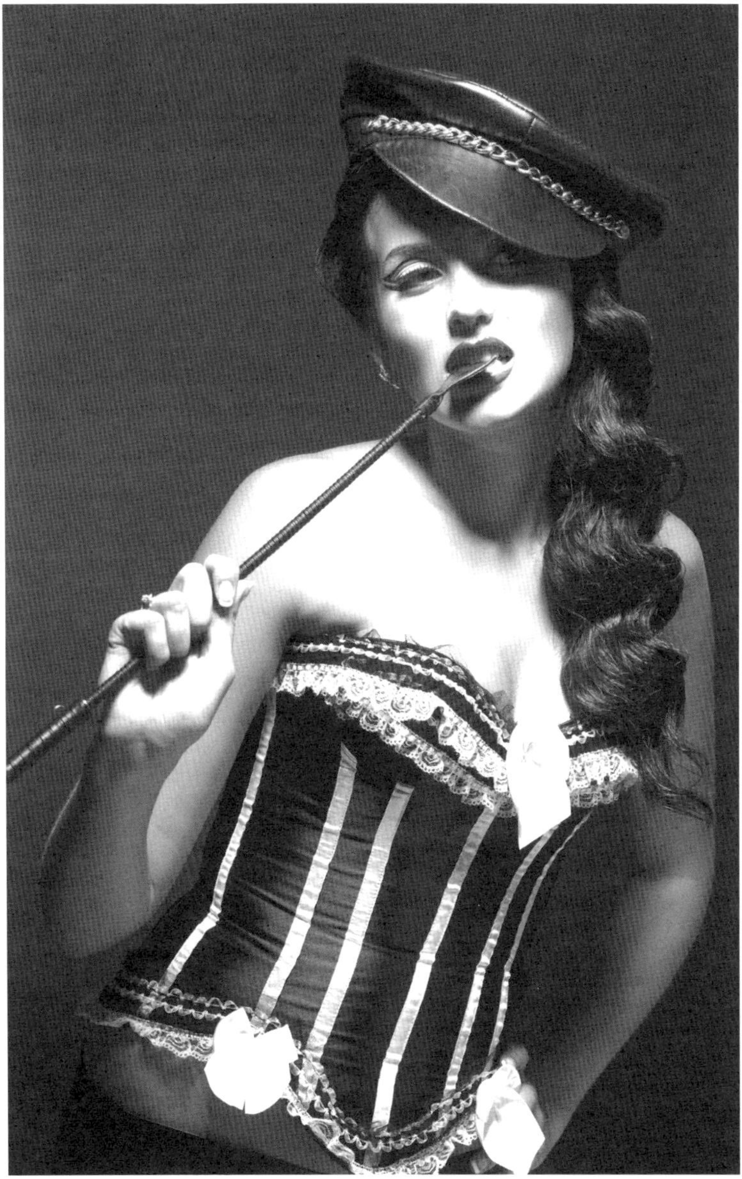

- Aproxime-se, então, comece a dançar, provoque-o ao máximo e, se ele tentar alguma gracinha ou tocar no seu corpo, ameace-o com o cassetete... Abuse dele ainda mais colocando-o na parede e revistando-o. Coloque-o com os braços abertos para cima, encoste-o na parede e comece a revistá-lo, passando os seios pelo corpo dele enquanto você o apalpa de baixo até em cima, começando pelas pernas, coxas, bumbum e costas, excitando-o...
- Mande ele se deitar no chão e coloque as algemas nele. Coloque as pernas, uma de cada lado do corpo dele e comece a dançar erotizando os movimentos. Olhe para ele dominando-o, poderosa e, com as mãos em garra, passe no seu corpo, domine a sua "vítima", tire a roupa dele e depois a sua. Provoque e torture sem dó. Use o cassetete para imobilizar e aproveite-se dele com toda a voracidade do seu tesão... Abuse do seu poder!

## Fantasias e fetiches

### Estilo 50 Tons de Cinza

Querer é poder! Sinta-se sexy e você será sexy! Sinta-se poderosa e você será poderosa! As fantasias poderosas especialmente devem ser realizadas somente com um homem que você conheça por mais tempo e confie. São muito diversificadas as opções de personagens para você escolher. Ninguém resiste a estas fantasias eróticas extremamente excitantes. Envolvem fetiches, dominação e submissão... Calma, você vai até onde quiser e ele também, e tenha certeza que dá para se divertir muito e sair sem nenhum arranhãozinho... Até onde ir? Vocês decidem em comum acordo... Resolvido. Vamos em frente.

Primeiro, sonde o terreno e pergunte se ele gostaria de fazer uma fantasia mais ousada com fetiches. É importante saber a opinião dele, ninguém deve fazer nada forçado, nem que seja uma brincadeira. Se o seu parceiro gostar da ideia, procure uma fantasia ou lingery preta de preferência de vinil ou couro para uma fantasia no estilo 50 tons de Cinza, ou se preferir, opte por outras bem ousadas como bandida, mafiosa, motoqueira, ou uma garota de programa que adora fetiches, etc. Quanto mais irresistível melhor!

*Acessórios que poderão ser usados:*

Vestido preto justo de tecido, couro ou vinil, body, colant transparentes, de couro, vinil, etc. Algemas, chicotes, chibatas ou cordas de cetim dependendo do seu personagem, máscaras para o rosto, vendas ou capas pretas, botas ou sapatos altos. Música excitante, com ritmo forte e intenso.

**Make:** Valorize seus olhos com sombras cinza ou prateadas, rimel e delineador preto. Batom vermelho. Varie a maquiagem conforme a personagem.

## Dominadora

Esta fantasia é considerada excitante para muita gente. Sente seu parceiro numa cadeira e peça para ele segurar uma lanterna desligada. Amarre os pés dele com faixas e use as algemas para prendê-lo. Coloque uma venda nos olhos de sua "vitima", apague a luz e deixe-o esperando um pouco para aumentar a expectativa. Ligue o som com a seleção de músicas estimulantes, começando pelas mais lentas e depois se intensificando. Se preferir, não precisa colocar som nesta performance. Se ele não se comportar, bata com a seu chicote. Mande-o tirar a venda e ligar a lanterna. Entre com o seu corpo coberto totalmente por uma capa ou casaco longo, andando com os passos cruzados, dominando o ambiente com todo o seu poder. A autoconfiança é altamente erótica. Sinta-se sexy, irresistível e ousada... Muito ousada!

## *Ação:*

- ♦ Comece a se descobrir sem pressa, dançando ou andando, tirando as peças mais externas. Na sequencia, coloque a capa no mesmo local onde você deixou seus acessórios. Então, pegue novamente seu chicote ou outros fetiches e continue erotizando cada vez mais, agora com o acessório passando provocantemente pelo corpo e dando batidinhas no seu bumbum e coxas.
- ♦ Use uma cadeira ou role no chão, enfim, faça tudo o que puder e mostre todo o seu fogo e desejo. Aproxime-se dele e, se ele quiser tocá-la, ameace-o, continue provocando e bata nele com o chicote todas as vezes que ele tentar te tocar.
- ♦ É ótimo fazer esta performance se você anda um pouco brava com ele. Poderá ser um prazer a mais se "desforrar" dele. Chega a ser terapêutico... Experimente!
- ♦ Avise que se ele não se comportar a situação dele vai piorar ainda mais... Neste caso, você poderá atar

as mãos dele na cadeira ou amordaçá-lo com uma faixa de cetim...

♦ Enquanto tira as peças de roupa uma por uma, lentamente, torturando-o ao máximo. Faça-o cheirar as peças... Aproxime seus seios bem próximos aos olhos dele, se contorcendo, depois fique de joelhos e comece a passar a língua pelas coxas, peito e pescoço. Deixe-o excitado, enlouquecido de excitação... E seja má com ele, mostre que quem está no comando agora é você! Use palavras apimentadas, ouse falar e surpreendê-lo com todas as loucuras mais intensas... Abuse dele... E transe com ele de um jeito voraz como só as poderosas sabem fazer!

## Submeta-se ao Prazer

Para fazer uma fantasia de submissão em que o seu parceiro é o dominador. Ilumine um dos cantos do ambiente com luz vermelha e arrume uma cadeira pequena, de preferência do tipo de cabaret. Seu parceiro não deve esperar até você falar para ele entrar, deixe com ele um pacote de presente com seu fetiches, chicotinhos e chibatas. Coloque uma lingery preta, cinta liga e um sapato alto. Fique de frente e coloque a cadeira entre as suas pernas. Posicione seus pés nas laterais da cadeira e amarre um pé de cada vez com faixas de cetim, coloque algemas de sexy shop de metal ou pelúcia nas suas mãos e faça uma pose sexy, arrebitando o bumbum enquanto apóia aos mãos na espalda da cadeira. Peça para ele entrar e fale para ele que quem comanda agora é ele... e você vai só obedecer e bancar a "good girl"... Se você não gostou não tem problema, mas, se faz o seu estilo... aproveite! Outra variação é amarrar a si ou permitir ser amarrada em uma cama daquelas com grades na cabeceira.

Por outro lado e, com praticamente os mesmos acessórios, se pode fazer um personagem mais inocente ou submissa como no filme 50 Tons de Cinza. O que importa é a excitação e saber que é possível se divertir muito sem sair com nenhum "tonzinho de roxo" como diz o povo. Você pode criar outros tipos e fetiches usando outros estilos para dominar ou ser dominada.

Todas as sugestões acima poderão servir de base para você criar novas situações e personagens usando as fantasias dos seus estilos preferidos.

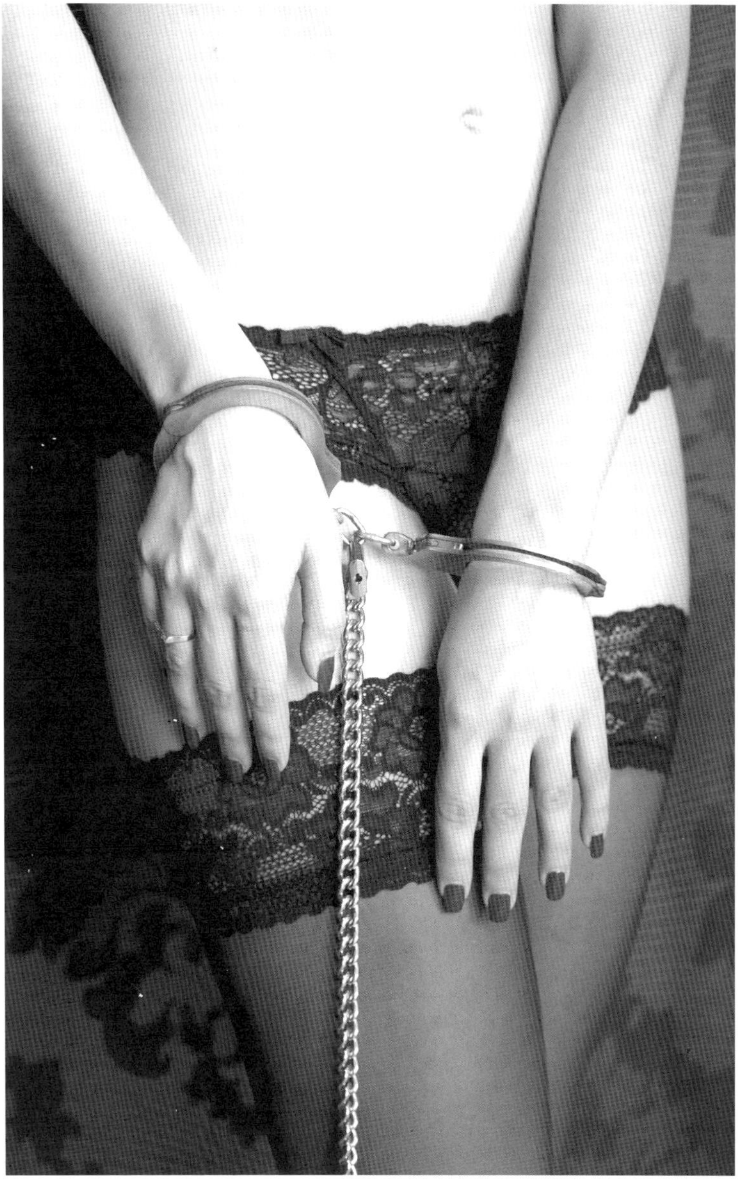

# Novas ideias

## Um banho erótico

Uma boa ideia nestes tempos de falta de água é fazer um banho estilo japonês. Leve para o seu banheiro um recipiente com água morna e um pouco de sabonete líquido hidratante. Coloque um banquinho dentro do box e peça para ele sentar, então, com uma toalhinha ou espoja umedeça a pele do seu homem espalhando a espuma de uma maneira sexy e prazerosa. Primeiro nas costas e, devagarzinho, vá se aproximando das áreas mais erógenas. Depois retire o excesso do sabonete com o paninho úmido, você pode passar uma loção esfoliante da sua preferência como flores ou frutas ou até um pouquinho de sal grosso para fazer uma massagem bem gostosa. Este banho deixa o corpo macio, perfumado e preparado para fazer amor. Peça para ele fazer o mesmo para você. Depois é só enxaguar e deliciar-se!

## Sexo oral estilo tailandês

Em uma noite especial, faça com seu homem aquilo que ele sempre sonhou: Um sexo oral apaixonado e diferente de tudo o que ele possa ter conhecido com outras mulheres. Este tema é tão fascinante e tem tantos segredos e detalhes que merece uma insubstituível aula presencial, como temos nos nossos cursos. Nas aulas avançadas as mulheres se divertem treinando com as bananas. É a maneira como se aprende na Tailândia e Indonésia.

Mas as técnicas mais básicas você pode começar sozinha. Descasque uma banana e conserve um pouco da casca. Segure na base para firmar. Lembre que você não deve quebrar, morder ou arranhar a banana com os dentes, muito menos se engasgar. Assim você poderá exercitar a língua, que também é um músculo. Desta maneira, a boca se prepara para abrir mais e aumentar o prazer nos movimentos e sucções sem arranhar ou machucar o membro masculino com os dentes. Procure respirar pelo nariz e soltar o ar com a boca aberta enquanto coloca a banana lentamente no interior da sua boca. Faça movimentos criativos e depois use com o seu parceiro. O mais importante é fazer com tesão e aprender cada vez mais... O homem percebe quando uma mulher realmente adora e sabe fazer muito bem sexo oral e isto pode fazer muita diferença se você quer realmente seduzi-lo.

## Culinária erótica

Que tal ser uma "Chef du Cuisine" super sexy? Receitas fáceis, rápidas, saudáveis e intensamente afrodisíacas. Use para provocar ainda mais... Antes, durante ou depois das suas fantasias sensuais.

### Erotic peaches

***Ingredientes:***
- Pêssegos lindos.
- Uma barra de chocolate.

♦ Hot gel comestível sabor pêssego, baunilha ou outro de sua preferência.

***Modo de preparo:***

Cozinhe os pêssegos inteiros e com casca, tome cuidado para não cozinhar demais para manter a firmeza da fruta. Descasque os pêssegos mas conserve os cabinhos. Escolha um prato bonito ou bandeja de cristal, coloque os pêssegos de pé na região central do prato, deixando espaço para a decoração. Derreta a barra de chocolate em banho-maria ou no micro-ondas, depois regue os pêssegos com o chocolate derretido. Você também poderá variar esta receita com outras frutas. Decore usando o hot gel comestível, desenhando círculos em volta dos pêssegos e umas folhinhas de hortelã para decorar. Pode ser servido com suco natural ou champanhe.

Uma sugestão é intensificar o prazer sensorial das suas fantasias e degustar as frutas usando vendas ou lenços de seda para cobrir os olhos. Provoque sensações com divertidas travessuras...

## Salada de Afrodite

Esta salada é típica da Grécia e do Chipre onde, segundo a mitologia, é a terra onde nasceu "Afrodite" a famosa Deusa do amor. Gostei muito desta receita em especial e, por sorte, encontrei um livro de culinária tradicional daquela região. Um verdadeiro tesouro para mim além de ser uma lembrança agradável de uma comida saudável e afrodisíaca, característica do Mediterrâneo. Escolhi esta por ser deliciosa e fácil de preparar.

*Ingredientes:*
- 200g de queijo feta (queijo de cabra) ou queijo frescal tipo mineiro.
- 8 colheres de chá de iogurte natural de consistência firme.
- 1 porção de pepinos cortados em cubos.
- 1/2 porção de azeitonas pretas.
- 1 porção de tomates picados.
- 1/2 porção de farinha para fazer kibe.
- Folhinhas de manjericão fresco, orégano e hortelã.
- Azeite de oliva e um pouco de sal e suco de limão.

## Modo de preparo:

Coloque numa tigela a farinha para fazer kibe e hidrate com água, reserve por meia hora. Escolha um recipiente bonito e transparente, coloque primeiro o iogurte e o azeite, acrescente e misture os pepinos, tomates picados e a farinha previamente hidratada. Por último, adicione o queijo em cubos, um pouco de sal e misture delicadamente. Algumas opções para decorar a Salada de Afrodite são azeitonas, folhinhas de manjericão, orégano, hortelã ou tomatinhos e cerejas. Fique à vontade para variar os ingredientes.

Os benefícios desta salada leve e refrescante e de baixa caloria são devido às vitaminas e sais minerais que são revigorantes e têm efeito afrodisíaco. Os gregos que o digam...

## Os tons de vermelho

Que tal uma sobremesa erótica para inspirar ainda mais suas mais poderosas fantasias e jogos eróticos? Ricas em vitaminas, betacaroteno e com propriedades antioxidantes as frutas vermelhas e a manga vão dar energia extra para o sexo.

### Ingredientes:
- 1 porção de morangos.
- 1 porção de frutas vermelhas frescas como framboesas, amoras, cerejas, etc.
- 1 porção de manga em fatias.
- 1 suco de uma laranja ou de um limão.
- 1 colher de chá de raspas de casca de laranja.
- 1 colher de chá de gengibre fresco ralado ou geléia.
- 1 colherinha de canela em pó.

- ♦ 3 cravos ou 3 sementes de cardamomo.
- ♦ 2 colheres de sopa de óleo leve como o de girassol.
- ♦ 3 colheres de sobremesa de açúcar orgânico.
- ♦ 1 pitada de baunilha em fava ou gotas da essência.
- ♦ 2 colheres de sobremesa de conhaque ou licor de sua preferência.
- ♦ 2 bolas de sorvete de creme ou de frutas vermelhas. Sorvete de açaí é uma boa opção.

*Modo de Preparo:*

Em uma frigideira antiaderente, coloque uma colher de sopa de óleo em fogo médio e acrescente as cascas de laranja por 2 minutos. Depois, acrescente as sementes de cardamomo, o gengibre, a canela, os cravos por mais um minuto e, em seguida, coloque o açúcar, misture até derreter um pouco, adicione o suco de laranja e a baunilha. Espere reduzir no fogo bem baixo por 2 a 3 minutos, coloque o conhaque ou o licor, coe e reserve.

Na mesma frigideira, coloque mais um pouquinho de óleo e refogue a manga em fatias por alguns instantes para aproveitar os aromas e sabores dos condimentos afrodisíacos. Acrescente as frutas vermelhas, cozinhe mais um pouco até elas ficarem macias. (cuidado para não passar do ponto, são delicadas e cozinham muito rápido). Prefira as frutas frescas, mas se você não encontrar pode usar compotas ou geléias, porém, use em menos quantidade, pois são muito mais doces e têm mais calorias.

## *Decoração:*

Para decorar, coloque as fatias de manga no prato que servirá de base para a calda de frutas. Finalize a decoração com as bolas de sorvete ao lado das fatias de manga e enfeite com algumas frutas frescas e folhinhas de hortelã... Esta linda e perfumada receita nos remete à sensualidade dos tons de vermelho, que são estimulantes para ativar todos os tipos de fantasias.

# Para tudo dar certo com as fantasias sensuais

## Para quem

Para realizar fantasias sensuais toda mulher deve se proteger e somente realizá-las para um homem que conheça muito bem, de preferência num relacionamento estável. Ele deve merecer este presente maravilhoso, provando principalmente através de atitudes que é uma pessoa confiável e que a ama de verdade.

## Quando

As fantasias não devem ser realizadas logo no inicio de um relacionamento. É melhor esperar um pouco mais e à medida que o casal entra num período mais estável. As fantasias sensuais e os jogos eróticos podem ser usados como um ótimo recurso para que o relacionamento não caia na monotonia. Sabendo usar nas horas certas mantém o interesse e a surpresa, que são os fatores que realmente aquecem uma relação.

## Vencer a timidez

Saiba que a maioria das mulheres tem as mesmas dificuldades, você não é a única. Mas saiba que a melhor maneira de vencer os seus medos e a timidez é enfrentar com toda a sua coragem. Sei que exigirá esforço da sua parte, mas com certeza o resultado vai ser muito compensador trazendo mais paixão e calor ao seu namoro ou casamento. É bem melhor você ser mais ousada e seduzir seu companheiro do que deixá-lo sedento de novidades. Proteja seu relacionamento!

**Ame seu corpo**

As fantasias sensuais, dentre elas o striptease, podem ser realizados por mulheres de todos os tipos físicos e idades. O principal é querer, ter o desejo de seduzir! Se você, como a maioria das mulheres tem celulite, estrias, rugas, etc., ou está acima do peso, saiba que os homens não se importam tanto com estes detalhes que nos deixam enlouquecidas, muitos nem sabem a diferença entre celulite e estrias. Os homens se envolvem mais com a atmosfera excitante e focam sua atenção no que a mulher tem de mais bonito. Então deixe de se preocupar tanto com o seu corpo e mostre toda sua sensualidade colocando em evidência seus ângulos mais bonitos, o principal é que ele perceba todo o tesão que você tem por ele. Isto sim, vai deixá-lo mais excitado e feliz.

**Sensualidade e Idade**

Muitas mulheres se preocupam com a idade e pensam nas mudanças do seu corpo, em algumas dificuldades nos movimentos, mas a maioria continua fazendo amor com seus companheiros. O casal com muitos anos de relacionamento e com a idade mais avançada precisam de mais de estímulo para o sexo. As fantasias e jogos sensuais podem ser muito úteis para motivá-los. Os estímulos eróticos são muito importantes para os homens com idade mais avançada, que nesta fase precisa cada vez mais de carinhos excitantes e atenção da sua companheira. Saiba que tenho muitas alunas com mais de 70 anos que são muito alegres, felizes, cheias de autoestima e extremamente sensuais. Outras têm deficiências visuais ou dificuldades para dançar e até para andar, mas assim mesmo realizam fantasias muito alegres e criativas para os companheiros. Tenho muito orgulho delas! Admiro-as demais!

Atualmente, mulheres de todas as idades, cheias de vida e de tesão estão empenhadas em seduzir mais do que ninguém o felizardo marido ou o namorado. Hoje em dia é comum mulheres voltarem a namorar na chamada "melhor idade" e vivenciar uma vida mais divertida e prazerosa. Lembrem-se, os homens sempre preferem as mulheres que se amam.

## O medo da vulgaridade

O significado de vulgar é comum, trivial, medíocre etc. A verdade é que as fantasias sensuais, striptease e os jogos sensuais são um diferencial para a mulher moderna. Muitas mulheres ainda não sabem usar técnicas de arte erótica para fazer uma fantasia ou tirar a roupa antes de fazer amor e se despem com timidez e até mesmo de maneira desajeitada ou desmazelada. O que é uma pena, porque tirar a roupa de uma maneira sensual como no strip torna a mulher mais sofisticada, eliminando a vulgaridade e trazendo mais elegância na sua sensualidade e, desta maneira, estimulando melhor o parceiro. No caso das fantasias, podemos perceber que a alegria e a descontração por elas proporcionadas afastam o medo da vulgaridade renovando a excitação do início do relacionamento. "Como é gostoso brincar, dar muitas risadas e transar alucinadamente, mesmo após tanto tempo juntos". Liberte-se e seja feliz!

**Risadas e fantasias**

Muitas mulheres começam a rir quando começam a fazer fantasias ou striptease para o seu parceiro. Muitas vezes são os dois que não param de rir e não conseguem continuar. Quando o casal começa a rir antes ou durante uma apresentação sensual, não há problema algum. Quando existe amor e respeito, rir é ótimo, libera os hormônios e pode até aumentar a excitação. Uma boa ideia é começar com fantasias mais lúdicas para que vocês possam rir e se divertir muito, e depois, com o tempo, passar a fazer as outras mais sérias que exigem mais concentração e treinamento, como no caso de fantasias mais elaboradas.

## Meu parceiro(a) me desestimula

Um relacionamento deve ser feliz para o homem e também para a mulher. O amor e a cumplicidade são muito importantes para todo casal. São muitas as mulheres ainda hoje que são desestimuladas e até mesmo ridicularizadas por seus companheiros quando têm uma atitude mais ativa sexualmente, como é no caso das fantasias sensuais. São questões muito importantes e devem ser resolvidas por um casal através de diálogo ou até o acompanhamento de uma terapia especializada. Mas cada caso é diferente, e só a mulher que está envolvida num relacionamento destrutivo ou violento poderá saber até que ponto vale a pena continuar.

Todas as pessoas hetero ou homossexuais devem buscar a dignidade de proteger sua autoestima e sanidade. Hoje ninguém precisa suportar um relacionamento, seja namoro ou casamento com uma pessoa que não respeite, ridicularize ou despreze a nossa sexualidade. Pense e pergunte sempre se o relacionamento que você está vivenciando tem futuro. Este tipo de comportamento em um homem ou numa mulher pode indicar a presença de sérios problemas. Será que vale a pena conviver com uma pessoa assim?

## Mais coragem para fantasiar

Querer é poder! O mais importante é ter o desejo e depois partir para a ação. Comece passo a passo e tenha paciência com você mesma. Uma atitude mais ousada pode iniciar da maneira mais básica possível treinando em frente ao espelho, dançando ou andando de uma maneira sensual e assim por diante. O segredo é dedicar um tempo para as coisas mais importantes da sua vida, neste caso, dar uma apimentada no sexo pode ajudar muito a manter o relacionamento com fogo e paixão. Seu amado merece muito esta homenagem porque ele a escolheu e preferiu ficar com você. Então vá em frente, leia sobre o assunto. Para adquirir mais segurança e melhorar a performance faça cursos de fantasias ou striptease, aprimore sempre e pratique muito esta arte, que é o segredo de muitas mulheres que sabem manter seus namorados e maridos entusiasmados e apaixonados. Felicidades e muito amor para você e para ele!

# Lingeries e fantasias

## Saiba usar
## e tirar as lingeries para suas fantasias

As lingeries estimulam a imaginação e dão asas para a sua fantasia. Não existe nada mais especial do que uma bela lingery para tornar uma mulher mais atraente e sedutora através dos sofisticados tecidos, bordados, rendas, laços e outros detalhes que levam à loucura um homem apaixonado.

Através dos acessórios sensuais e lingeries, a mulher pode expressar suas emoções, desejos e fantasias. As lingeries brancas com renda e bordados podem traduzir romantismo ou simplesmente destacar a pele bronzeada. As lingeries negras e de tons escuros representam um toque de ousadia e mistério, enquanto as lingeries vermelhas provocam excitação e apimentam o visual. Na realidade, ao escolher uma lingery ou acessórios dê preferência a peças diferentes das que você usa habitualmente para surpreendê-lo. A escolha de peças para uma fantasia é semelhante à seleção de peças sensuais para uma striptease. A diferença é que a opção para fantasias é bem mais diversificada. Não esqueça de que o strip também é considerado uma modalidade específica de fantasia erótica. Adquirir peças básicas e acessórios de qualidade vale a pena, e também usar a criatividade para aproveitá-las de diversas maneiras é uma boa ideia.

Para uma fantasia mais sofisticada, uma bela lingerie é essencial. Você pode usar um conjunto de sutiã com calcinha ou um corsellet para valorizar as formas do seu corpo e silhueta. Uma sugestão é usar um casaco ou robe por cima das peças para despertar mistério e curiosidade. Adicionar complementos como poás com belas plumas coloridas, lenços e véus são itens que poderão dar mais ênfase na caracterização da sua fantasia.

## Os tons de lingeries

As cores através de suas vibrações atuam nas nossas emoções, podem estimular sensações e aumentar a excitação. O uso das cores adequadas nas lingeries combinando com cada ocasião e de acordo com a personagem da sua fantasia fazem muita diferença na performance. Saiba que usar cores diferentes e experimentar novos estilos nas roupas íntimas podem ajudar a apimentar a vida sexual dos casais.

**Vermelho -** As lingeries vermelhas estimulam e aumentam a excitação, a coragem e o erotismo. Para fantasias ardentes, intensas e fogosas...

**Amarelo e laranja -** Estas cores aumentam a vitalidade e a energia, trazendo mais alegria e energia para seduzir.

**Verde e azul -** São cores que remetem a natureza como o verde das florestas. São cores que valorizam a beleza feminina. Trazem bem estar e harmonia.

**Violeta -** É a cor que transforma as energias negativas em positivas, traz empatia, intuição e mistério.

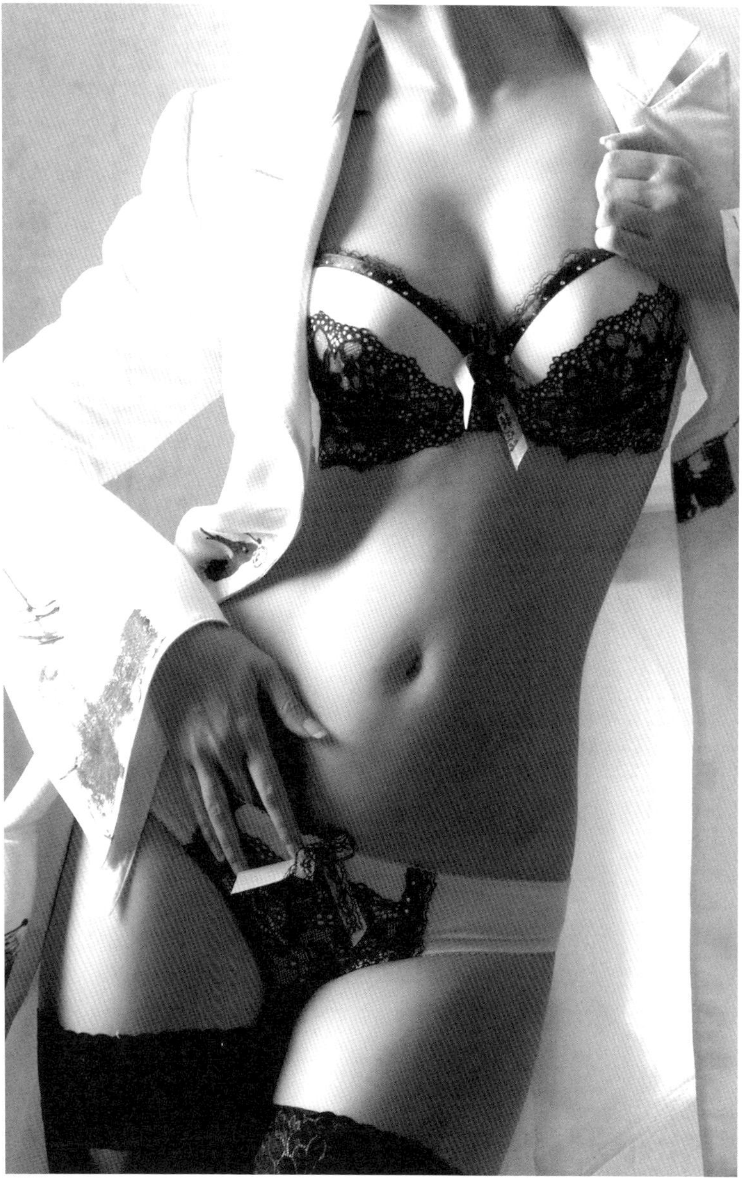

**Branco** - Esta cor nas lingeries transmite elegância e sofisticação. O branco é usado em muitas fantasias eróticas pela sua versatilidade. Significa pureza, transparência e sinceridade. Ideal para o começo ou reconciliação do casal.

**Preto** - As lingeries pretas são muito usadas por combinar com os outros acessórios e também por remeter a ousadia e erotismo. Nas fantasias eróticas é puro fetiche e sedução.

## Como tirar sua lingerie ou fantasia

De maneira geral, para se tirar uma lingery em uma fantasia tem os mesmos princípios do striptease. Sempre provocando e fazendo o jogo da sedução "tira-não-tira", característico. Mas você pode também tirar peça por peça de acordo com os diferentes ritmos das músicas e estilos de sua fantasia.

Para facilitar, tire primeiro as peças mais externas como blazers, casacos, capas, etc. e, na sequência, as peças mais internas como o sutiã e as cintas ligas. Para aprimorar mais sobre as técnicas leia o livro: Strip Tease: Como Conquistar Um Homem. Este livro vai ajudá-la muito se você realmente quer seduzir seu parceiro. Você poderá encontrá-lo nos sex shop e nas livrarias.

Para dar um charme não tirar todas as peças aumenta o mistério. Manter a calcinha, a cinta liga, as meias 7/8 e os sapatos de salto alto é um fetiche muito desejado por muitos homens.

Transar com a mulher não totalmente despida e com estas peças super sexy... Que tal deixar para o seu parceiro o prazer de tirar a sua calcinha do jeito que ele quiser?... Ele vai adorar!

## Camisolas

Se sua semana foi muito intensa, uma bela camisola pode resolver seu caso para uma sexta feira à noite. Fácil de colocar e até para tirar, é uma ideia simples que pode deixá-la pronta para seduzir em poucos minutos. Para tirar uma camisola comece deslizando suas mãos lentamente pelo tecido fluido ou transparente provocativamente enquanto dança. Olhe para o homem com desejo, e depois olhe para uma das alças de sua camisola, continue a dançar e ameace tirar uma alça, mas não tire...

Depois tire a camisola lentamente, com movimentos insinuantes, deslizando suavemente pelo seu corpo até o chão. Então dê um passo à frente, pegue com charme a camisola que estará no chão atrás de você, levante a peça com uma das mãos e, discretamente, deixe num cantinho do ambiente para que você não tropece. Volte para frente do homem bem poderosa e continue a seduzi-lo...

### *Cores*

As camisolas vermelhas são ideais para obter uma imagem mais ousada e quente, em geral, os homens adoram esta cor nas lingeries. As camisolas brancas podem deixar seu striptease mais sofisticado valorizando a elegância da mulher. As pretas são misteriosas e combinam com tudo.

Podem ser muitos provocantes se tiverem um belo decote que valorize os seus seios ou uma ousada abertura nas costas. Use outras cores e estampas para variar as suas fantasias, como as sempre sexys de estampas de onças que nunca saem de moda e remetem a um lado mais selvagem.

## Baby-doll para as "pin –ups"

Se o clima estiver quente use e abuse desta peça irresistivelmente sexy, que na realidade nada mais é do que uma mini-camisola. Muito usada pelas estrelas de cinema nos anos 50 e 60, são ótimas para uma fantasia estilo "pin-up". Esta peça pode ser muito divertida e alegrar a sua fantasia sensual. O baby-doll coloca em evidência o bumbum e as pernas, incendiando desta maneira a fantasias masculinas.

Para tirar esta peça, use a mesma maneira que uma camisola mais longa, de cima para baixo, brincando com as alças com graça e charme. Com esta peça você pode também mostrar seu lado mais alegre dançando e brincando com seu amado enquanto ele se diverte ao máximo com a mais sexy das "pin ups".

## Penhoar

Usar um penhoar cria uma atmosfera sofisticada e feminina. Podem ser de tecido transparente e decorados com bordados ou plumas. Esta peça remete a um estilo "vintage", mais glamouroso. O penhoar é uma peça interessante para representar uma moça de "cabaret" ou até para esconder algumas partes que você não quer mostrar e, ao mesmo tempo, pode ser usado como uma bela moldura para valorizar os seus ângulos mais privilegiados.

Para tirar um penhoar, entre no ambiente com muito charme! Uma atmosfera "burlesque" que você pode criar com luz vermelha, poás e luvas de cetim e colocando um CD com jazz ou blues. Respirar fundo e entrar no ambiente como uma "diva"... E então, começar a desatar os laços de cetim do seu penhoar lentamente, como se as cortinas de um teatro se abrissem... Anuncie: O show vai começar... Dance ao ritmo da música enquanto tira as peças envolvendo o "cliente" do seu "cabaret particular".

## Bodies

É uma espécie de "colant" bem justo muito usado nas fantasias sensuais, é encontrado com facilidade nos sex shop. Possui a diversas texturas finas como meias ou pode ser feito de couro ou vinil. Coloque um dele e você se sentirá pronta para realizar suas aventuras eróticas.

## Sutiã

Além de proteger e sustentar os seios, o sutiã possui uma imensa a capacidade de sedução, fazendo parte das mais picantes fantasias masculinas. Mas é muito importante escolher um sutiã que valorize a forma dos seus seios. Para se tirar um sutiã com charme, fique de costas para o homem enquanto brinca com as alças e depois desata lentamente o feche e assim por diante... Tenha certeza, este é um dos detalhes mais marcantes quando realizar suas fantasias.

## Calcinhas

Este pequenino pedacinho de pano tem um poder incrível para enlouquecer um homem. O mais incrível é a criatividade ilimitada de modelos e cores. Existem algumas que possuem fendas em baixo, permitindo fazer sexo sem tirá-las. Hoje podemos encontrar nos sex shops calcinhas com vibradores e até as comestíveis de diversos sabores. As calcinhas com lacinhos dos lados são ótimas se, após o striptease, você decidir não tirá-las... Ele vai adorar fazer isto por você...

## Acessórios e Complementos

### Cinta-liga

As cinta-liga voltam à tona com força total deixando a mulher com um visual irresistível. Podem ser usadas complementando as lingeries. Criada pelas dançarinas francesas no auge da "Belle Èpoque", foram simplesmente confeccionadas para auxiliar a segurar as meias enquanto dançavam. Estas pequenas peças decoradas de uma maneira muito feminina com laços, flores e fitas simbolizam inconscientemente uma maior liberdade da expressão do erotismo feminino. As cintas-ligas levaram ao delírio aos platéias masculinas, hoje, um fetiche muito usado nas mais diversas fantasias para despertar o desejo e a imaginação.

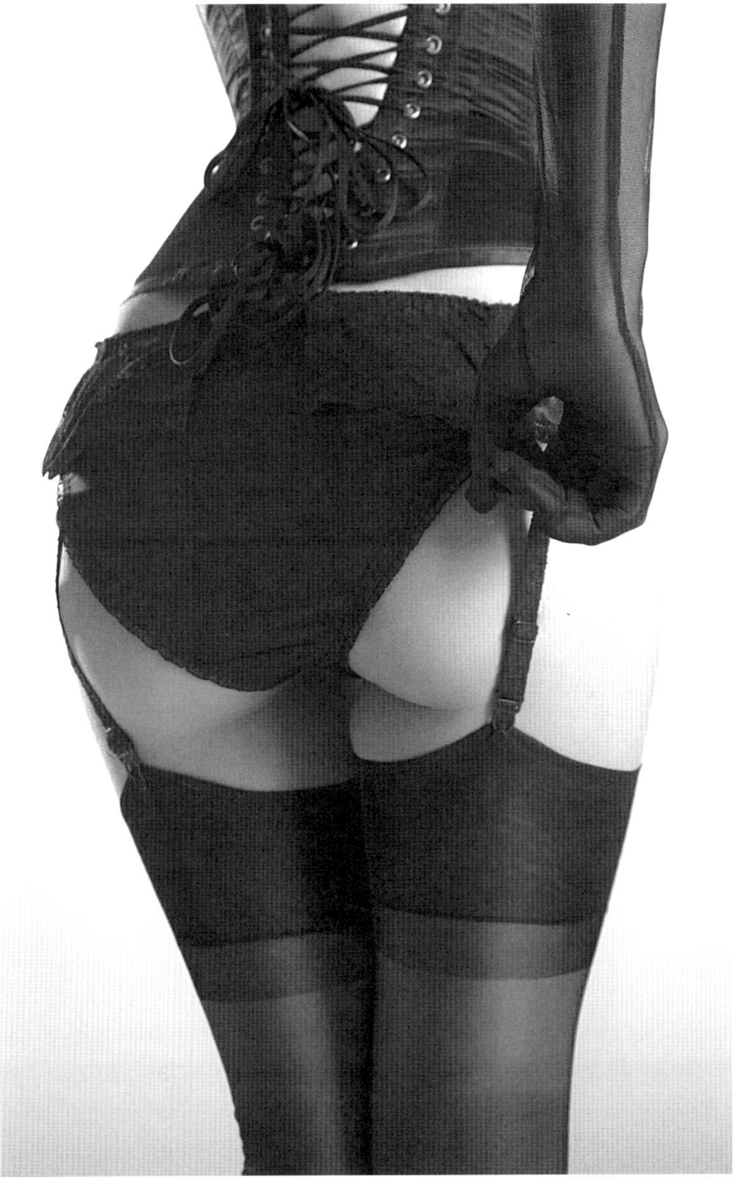

## Perneiras e saias com fendas

Um detalhe que pode fazer toda a diferença na hora de seduzir! As perneiras ou ligas são em geral de cetim, seda ou renda e decoradas com flores ou laços. Para strips sofisticados se usa apenas uma, que pode ser colocada na coxa direita se você é destra. Coloque de maneira que apareça na lateral de sua saia de fenda. As perneiras para as duas pernas podem ser usadas para temas mais ousados ou selvagens.

As saias mais sensuais são as de modelo envelope. Faça uma no seu tamanho. Basicamente é um retângulo que possui duas faixas do mesmo tecido nas extremidades superiores, que são usadas para enlaçar a cintura e fazer um laço na lateral deixando uma fenda do lado direito para deixar aparecer a perneira quando movimentar as pernas. São praticas e multi funcionais, ótimas para striptease e fantasias.

As perneiras são muito pequenas, mas é enorme o seu potencial de sedução. Simplesmente adoro. Use em um jantar especial e mostre com charme as suas pernas com uma das coxas enfeitada por uma perneira, só para ele e você não precisará falar nada... Para fazer a noite pegar fogo!

## Luvas

As luvas podem ser incorporadas em muitas fantasias, as de couro, como fetiches e personagens mais dominadoras e podcrosas. Para as fantasias c striptcasc mais sofisticados como no estilo "vintage" as luvas de cetim ou de seda são as mais adequadas. Dê uma espiada em filmes antigos para lembrar-se de cenas famosas como Rita Hayworth tentando tirar suas luvas... Pode fazer você personificar a " Diva" que todo homem sonha.

## Capas, véus, meias

As capas e véus podem complementar suas fantasias. Uma capa preta pode ser usada para uma fantasia poderosa e os véus são ótimos para incorporar uma odalisca ou Cleópatra. Se for usar meias, procure facilitar evitando as meias calças que são mais difíceis de tirar. As meias 7/8 são mais apropriadas para as performances.

## Sapatos

Combinar o seu sapato com a sua fantasia é uma arte. Para muitas mulheres chega ser um prazer. Mas performances sensuais devem ser com sapatos de salto bem altos para ficar mais poderosa. Amados pelas mulheres é um dos fetiches masculinos mais conhecidos. Capriche na escolha!

Lembre sempre desta regra essencial: menos pode ser mais... É melhor ter em menos quantidade mas sempre valorizar a qualidade. Em tudo na vida não só para sapatos, mas, roupas, enfeites, decoração e assim por diante, principalmente em relação aos homens a escolha deve ser muito seletiva e bem feita... concorda?

# Guia Sex Shop
# para fantasias sensuais

Surpreenda o seu amor usando acessórios maravilhosos. É muito bom ser adulto e ainda poder brincar com o seu companheiro. Hoje existem muitos jogos sensuais e uma diversidade imensa de acessórios incríveis sofisticados e com alta tecnologia que podem ser usados. Busque maneiras criativas de estimular sua vida sexual... Divirtam-se!

## Ideias para decorar o ambiente e fantasiar

### Velas Sensuais

Decorar o ambiente com velas ajudam a criar uma atmosfera sexy ou romântica. Muito importante é colocar velas em local seguro longe de vocês e afastadas de tecidos e almofadas, etc. Podem ser uma ótima opção nesta época de falta de energia para jantares íntimos, jogos sensuais e até para transar. Você poderá encontrar nos sex shops muitas opções de velas de todos os "designs" eróticos e coloridas com cores intensas, próprias para serem usadas durante um striptease ou fantasias sensuais. Alguns aromas afrodisíacos para velas: Almíscar, baunilha, chocolate, morango, pêssego, sândalo, ylang ylang, etc.

A luz das velas favorece um ambiente mais intimista e, com os efeitos luminosos se consegue mais beleza no ambiente e nas pessoas. Use as velas compondo com espelhos e cristais para criar um ambiente de sedução. Imagine corpos nus, champanhe, cortinas coloridas, tapetes, almofadas, tudo para produzir um cenário de prazer erótico.

## Velas beijaveis e hidratantes

São velas especiais encontradas em diversos aromas e sabores. Quando se ascendem estas velas e começam a derreter, as gotas que caem são usadas para deslizar as mãos durante as massagens. As velas hidratantes não queimam a pele e são usadas para beijar nos jogos eróticos. Os aromas mais conhecidos são chocolate, morango com champanhe, "peach", "vanilla", etc.

*Dica de decoração temática:*

Para uma noite inesquecível ou ocasião especial na decoração temática com as velas use formatos de coração, rosas, bocas, etc. Elas ficam lindas em volta de uma banheira. Um dia de sexo com mais luxo para lembrar sempre...

## Incensos

Usados desde a antiguidade para aromatizar o ambiente, dependendo da escolha poderão ocasionar diferentes sensações ao casal. São muito apropriados para os casais que praticam o sofisticado sexo tântrico.

Para criar um clima mais amoroso e apaixonado use incenso de rosas vermelhas, orquídeas ou jasmim, e para erotizar o ambiente use os incensos com aromas como Kama Sutra, sândalo e almíscar.

**Spray aromatizador**

Para quem preferir perfumar seu ambiente de uma maneira simples e rápida, podem ser usados nos lençóis com aromas deliciosos e afrodisíacos. A dica é não exagerar, usar só um pouquinho, que é o ideal. Os mais conhecidos são as essências de frutas, baunilha, Kama Sutra, etc.

## Fetiches para suas fantasias sensuais

Aproveite o estímulo do momento! Nunca o erotismo esteve tão em alta. São muitos livros e filmes ricos em um universo de intensa sensualidade. Quebrar algumas regras, jogar para longe a monotonia e fazer sexo com mais ousadia pode dar uma sensação de maior liberdade e de cumplicidade, muito mais excitação para o casal. Para quem quer experimentar, que tal usar algemas, lenços de seda e faixas para imobilizar o parceiro?

Para aumentar ainda mais o clima erótico da fantasia usar vendas e tiras de couro e chicotes. Ser dominado ou dominar... Qual é o seu desejo?... Qual é o seu fetiche? Vocês decidem. Não se preocupe, dá para se divertir muito sem ninguém sair machucado. Ninguém precisa fazer nada contra a vontade. Tudo o que vai rolar deve ser feito de acordo com o desejo dos envolvidos.

# Erotize com estes "sex toys"

## Algemas

Muito utilizada nas fantasias sensuais, striptease e jogos eróticos. Para deixar o(a) parceiro(a) atado a uma cadeira ou cama, para usar em uma brincadeira mais romântica. Use a algema para prendê-lo enquanto fala para ele: Amor, se você se soltar desta algema eu não faço striptease para você. Comporte-se... Mas, se o seu desejo for para criar um clima de fetiche, dominação ou submissão? Escolha, você quer ser uma poderosa dominadora ou submeter-se aos desejos mais inconfessáveis e enlouquecer de prazer, deixando-se ser deliciosamente torturada pelo seu homem?...

As algemas podem ser de pelúcia, bem fofinhas, de diversas cores ou de metal, para usar em fantasias mais elaborados. As novidades são os "bondage", que é um kit que vem com amarras para atar simultaneamente os pés e as mãos. Podem ser usados em massagens sensuais e também em muitos outros jogos eróticos.

## Vendas

Muito usadas em jogos eróticos, as vendas podem ser úteis para que o homem não veja os preparativos de uma fantasia ou striptease. Podem ser usadas com as algemas e outros fetiches. Você pode usar as vendas para fazer uma surpresa para o seu parceiro e esconder a sua nova lingerie. Podem ser usadas também para vender o homem enquanto você liga o som para dançar para ele.

As vendas são muito usadas pelos amantes do tantrismo. Privar a visão amplia outras sensações como o tato e o olfato. Podem ser usadas pelos dois na performance sexual ou nas preliminares e massagens eróticas.

## Máscaras

São itens muitos antigos, fazem parte da história da sedução e nos remetem aos bailes antigos europeus na corte francesa ou no carnaval de Veneza. Na época, as pessoas usavam as máscaras para manter a identidade preservada, assim, os nobres e plebeus provocavam sensações misteriosas, escondiam seus rostos para preservar seus segredos e os alvos de sua sedução.

As máscaras podem ser interessantes para dar um ar de mistério à sua fantasia, seja ela qual for.

## Chicotes

São objetos de puro fetiche e complementam muito bem as fantasias. Um jogo erótico muito usado é fazer o homem render-se ao seu poder de sedução. Uma noite de prazer e de fetiche, porque você vai comandar e ele deve fazer tudo que você desejar. Fale para ele, ou melhor, exija!... É para isto que serve o chicote... Ele deve acariciar beijar, chupar, transar do jeito que você quer... Você comanda! Ele vai adorar obedecer... Mais excitado do que nunca!

Um detalhe importante: quando for viajar despache seu chicote e não se esqueça de retirar seus fetiches da mala de mão. O seu fiel chicote pode provocar risadinhas maliciosas do pessoal do aeroporto e também você poderá sentir olhares entusiasmados dos homens que estiverem por perto. E com mais atenção, vai perceber que alguns homens fazem um olhar triste e dão um pequeno suspiro, como alguém que adoraria ter uma mulher como você!

## Cosméticos sensuais

### Géis para beijar

Os géis do beijo provocam diferentes sensações como o "hot" para aquecer e o "ice" para uma sensação refrescante. Muitos outros sabores de frutas realçam os lábios e dão um gostinho diferente no seu beijo. Podem ser usados para fantasias divertidas como a colegial.

### Loções para o corpo

Uma loção hidratante e suavemente perfumada para passar no corpo é essencial para deixar você irresistível, e pode ser usada também para fazer massagem sensual. Prefira sempre produtos de qualidade. Para as fantasias existem loções que dão um brilho suave no corpo, as essências podem combinar com suas fantasias, por exemplo, para uma personagem mais selvagem use essências como almíscar ou sândalo, para uma gueixa use jasmim ou madeira e para a cigana, rosas vermelhas.

**Perfumes sensuais**

Que perfume usar antes de uma fantasia sensual? Os mais sexy é claro! Os perfumes devem acentuar as características da sua personagem. A mulher, quando está excitada, libera mais ferormônios que são substâncias que atraem o sexo oposto. Por este motivo os perfumes suaves e de qualidade são os ideais para projetar ainda mais a sensualidade do seu cheiro natural. Use perfumes com essências almiscaradas, amadeiradas, de vanilla, etc. A prática do pompoarismo é famosa há milênios por aumentar o poder de sedução feminino aumentando o desejo sexual e a liberação de ferormônios.

# Brincadeiras de adultos

### Dados, baralhos e cartões eróticos

Se você não teve tempo para uma fantasia mais elaborada é só levar um dadinho com posições do Kama Sutra. Existem alguns com os locais aonde vocês poderão fazer amor como no chuveiro, no sofá ou no chão. Os de striptease são uma graça para jogar enquanto você tira as peças.

Outra opção são os baralhos eróticos com posições da Kama Sutra. As raspadinhas têm mensagens surpresa como posições e striptease que você só descobre raspando o cartãozinho. Fáceis de encontrar nos sex shops, eles são uma boa dica para se colocar no bolso do "maridão" para que ele volte mais cedo. Coloque em um pequeno envelope avisando que vocês vão raspar o cartãozinho juntos.

Os cartões eróticos são ótimos para serem usados antes das fantasias sensuais, para aumentar a expectativa. Tanto para se fazer um strip ou fantasia é importante avisar o homem para que ele se prepare e guarde energia para você. Fazer surpresa nem sempre funciona hoje em dia. Sem avisar, você corre o risco de pegar seu parceiro muito cansado. É melhor que ele se prepare para fantasiar e transar loucamente.

**Canetas eróticas**

São canetas de vários sabores que podem ser beijáveis ou comestíveis. Podem ser usadas para uma fantasia sensual. Faça desenhos com formatos de coração ou frases quentes, então deixe seu amor lamber. Ele vai ficar enlouquecido, nunca mais vai esquecer esta gostosa fantasia. Experimente...

**Óleos sensuais**

São especiais para massagem erótica. Uma dica é usar somente no final da massagem para os movimentos deslizantes. Procure algum óleo que tenha um aroma sensual que remeta ao erotismo exótico da Kama Sutra com tons de sândalo, madeira ou jasmim.

## Body Splash

Para quem prefere essências mais refrescantes de flores e frutas, que podem ser usadas no corpo para estimular os sentidos, pode ser um complemento com brincadeiras e jogos que envolvam frutas.

## Mousses corporais

São hidratantes sofisticados com texturas deliciosas e aromas como chocolate e morango, proporcionando uma pele mais macia para você obter um melhor desempenho e mais fluidez nas posições do Kama Sutra.

# Deusa do Amor

## WORKSHOP I

### Curso de Autoestima e Sensualidade para Mulheres

### Curso de Pompoarismo - Ginástica Sexual Tailandesa:

- ♥ Aprenda os segredos das mulheres orientais que fazem maravilhas com o músculo do amor.
- ♥ Enlouqueça e surpreenda o seu amor com estes conhecimentos.
- ♥ Aumente a sua performance sexual, melhore seu prazer e orgasmo, descubra também seu Ponto G.

### Curso de Sensualidade e Sedução:

- ♥ Curso dedicado às solteiras, namoradas e noivas para preparação do casamento e, também, para as casadas, a fim de revitalizar seu relacionamento.
- ♥ Striptease Sensual e Fantasias Sensuais.

### Curso de Massagem Erótica Tailandesa:

- ♥ Através deste curso preparamos você para melhorar sua relação amorosa e sexual com o parceiro.

www.deusadoamor.com.br

# WORKSHOP ll (Avançado)

## Curso de Pompoarismo Avançado e Tantra Feminino

### Curso de Arte Erotica com Segredos Orientais

### Performance sexual avançada:
- ♥ Os segredos sensuais mais quentes e criativos das mestras indianas e japonesas. Saiba como enlouquecer um homem na cama de uma maneira como ele nunca viu antes!
- ♥ Pompoarismo para rejuvenescimento facial e sexual. Fortalece a musculatura facial essencial para você que adora se cuidar e ficar linda!

### Banho Secreto das Gueixas:
- ♥ Aumente seu prazer e sofistique sua performance sexual com este banho exótico e aprenda as melhores posições da kama sutra, pompoarismo avançado e arrase!

### Massagem Tantrica com "Oral Sex from Thailand":
- ♥ Aprenda a executar com maestria a mais sensual de todas as técnicas com massagem tantrica avançada (método lingan-yoni)

### Curso de Danças Sensuais Avançado:
- ♥ Strip tease com chair dance, lap dance, dança no solo e na parede. Fantasias sensuais e "Burlesque" Dance.

## *Seduza Seu Amor!*

*O pomparismo é uma prática que nasceu há mais de 1.500 anos no Oriente, consiste em exercícios que fortalecem os músculos usados para se fazer amor, aumentando o prazer sexual tanto do homem quanto da mulher. Através do pompoarismo a mulher pode "ter o comando voluntário sobre o músculo pubococcígeo, os músculos circunvaginais e grandes lábios da vulva da mulher".*

*No Ocidente, o pompoarismo feminino se tornou conhecido através do Dr. Kegel, médico americano que popularizou os exercícios de contração vaginal além de muitos outros, trazendo diversos benefícios à saúde e sexualidade da mulher. Como exemplo, a cura de muitos casos de incontinência urinária, queda de útero e bexiga, além de transformar as mulheres antes consideradas frígidas a obterem prazer e orgasmo após aprenderem e praticarem as técnicas pompoaristas.*

*As praticantes de pompoar têm uma aparência mais jovem em consequência do reequilíbrio hormonal obtido através destes exercícios. Um famoso mestre de Yoga da Bélgica, André Lysebeth, diz em seu livro que uma praticante desta técnica ancestral será apreciada mais do que quaisquer outras mulheres, e seu homem não vai querer trocá-la pela mais bela das rainhas!*

*O pompoarismo entre as mulheres está se popularizando rapidamente em nosso país, para a felicidade de muitos casais que hoje desfrutam deste recurso criativo e saudável em suas relações sexuais.*

*As mulheres que aprendem a técnica são capazes de massagear, contrair e succionar o pênis de seu companheiro. Com estas habilidades, a mulher resgata sua autoestima, pois são poucas as mulheres ocidentais que praticam o pompoar (menos de 0,02%) e, com certeza, ela surpreenderá e deixará encantado o seu homem na hora de fazer amor.*

*Se você gostou das dicas guarde para você não esquecer. Ajude as amigas a melhorar o relacionamento delas. Mande um e-mail com estas sugestões. Se você é homem peça com carinho para sua namorada ou esposa realizar estas sugestões sensuais com você. Obrigada, muito amor e boa sorte a todos!*

# Eden®

O livro - **Pompoarismo - O Caminho do Prazer** oferece técnicas comprovadas e segredos milenares que estão fazendo a felicidade de milhares de pessoas.

Nele você encontrará ajuda para desvendar o mistério da sexualidade feminina e masculina, a f m de encantar e deixar ainda mais quente e apaixonada a sua relação.

Os poemas e os textos eróticos não são exclusividade da atualidade. Desde os tempos do grande rei Salomão, eram usados para obter um forte poder de sedução sobre o sexo.

Aprenda o passo a passo de como planejar, treinar e surpreender seu namorado, noivo ou marido aprendendo a realizar stripteases sofisticados que irão proporcionar momentos maravilhosos, quentes e inesquecíveis que irão apimentar sua vida sexual.

**NAS MELHORES LIVRARIAS E SEX SHOPS
ou pelo site www.deusadoamor.com.br**

# Anotações

**Temas e práticas**

HELENA E ÂNGELA TONETTO

# *100 Receitas* Light

**L&PM** POCKET
GASTRONOMIA

Coleção **L&PM** Pocket, vol. 307

1ª edição na Coleção **L&PM** POCKET: outubro de 1999
Esta reimpressão: agosto de 2009

*Colaboração*: Paula Taitelbaum (apresentação das autoras), Paulo Amaral (apresentaçã0), Denise Scalzilli (comunicação e design), Carla Leite (organização do material e digitação das receitas), Rosana Sacchet (criação e apresentação do Projeto do Livro 100 Receitas Light), Silvia Alves Vargas (cálculo das calorias das receitas), Mariana Burmeister (ficha nutricional).

*Capa*: L&PM Editores sobre foto de Dan Berger
*Revisão*: Jó Saldanha e Flávio Dotti Cesa

ISBN 978-85-254-1027-6

---

T664c   Tonetto, Helena
            100 receitas light / Helena Tonetto e Ângela Tonetto. – Porto Alegre : L&PM, 2009.
            160 p. ; 18 cm – (Coleção L&PM Pocket)

            1. Arte culinária-Receitas light. 2.Arte culinária-Dietas. 3. Tonetto, Ângela. I. Título. II. Série

            CDU 641.561(083.12)

---

Catalogação elaborada por Izabel A. Merlo CRB

© Helena Tonetto e Ângela Tonetto, 1999

Todos os direitos desta edição reservados a L&PM Editores
Rua Comendador Coruja 314, loja 9 – Floresta – 90.220-180
Porto Alegre – RS – Brasil / Fone: 51.3225.5777

Pedidos & Depto. Comercial: vendas@lpm.com.br
Fale conosco: info@lpm.com.br
www.lpm.com.br

Impresso no Brasil
Inverno de 2009

*Doutoras em sabor e saúde.*

A Substância nasceu de uma paixão. A paixão de Helena e Ângela Tonetto pelos temperos, pela leveza, pelo equilíbrio que uma refeição pode ter. Ambas formaram-se em psicologia, mas um talento especial fez com que fossem para o ramo de alimentos. Incentivadas por todos aqueles que conheciam seus dons, começaram a tratar de temperos, analisar ingredientes, cuidar do bem-estar através de receitas cheias de sabor e saúde. Com pratos que seduziam paladares e aguçavam sentidos, Helena e Angela foram especializando-se em congelados light recheados de requinte e leveza. E, em 1986, fundaram a *Substância*. O nome foi escolhido por utilizarem como matéria-prima apenas o que existe de melhor nos alimentos. O slogan "Sabor e saúde em baixas calorias" veio como a tradução de toda filosofia *Substância*. Hoje, com matriz em Porto Alegre, a empresa conta com nutricionistas, engenheiros de alimentos e uma equipe que pesquisa e desenvolve mais de 200 produtos exclusivos. São mais de 20 mil clientes cadastrados em lojas que revendem *Substância* por este Brasil afora. Pessoas que já provaram e aprovaram muito do que você vai poder preparar agora. São pratos elaborados com a receita de sucesso das empresárias Tonetto, feitos com a certeza de que, segundo elas, *"é trabalhando com prazer que se qualifica cada ação na busca de mais um produto excelente"*.

## SUMÁRIO

Apresentação / 9
Dicas de Saúde / 13
Molhos / 15
Saladas / 27
Sopas / 43
Frutos-do-mar / 55
Aves / 73
Carnes de gado / 83
Massas / 95
Sanduíches / 107
Pães e bolos / 115
Tortas / 123
Sobremesas / 129
Tabelas de calorias / 140
Pensamentos que nos levam a vida light / 148
Glossário / 152
Índice de receitas / 153

## Apresentação

"Cem anos. Com os conhecimentos da medicina de hoje, nós, dos anos cinqüenta, poderemos viver uns cem anos, e muito bem", dizia-me Dr. Jorge Gross numa tarde do verão de 96. Eu vinha de uma orgia gastronômica incomum a uma pessoa sensata, já no final de um veraneio em Torres, quando, sentindo sintomas adversos à saúde, fui premido pela necessidade de procurar auxílio médico. Esta circunstância insólita, que levou à constatação de que nada de definitivamente grave me afligia naquele momento, por outro lado me alertava, em decorrência do resultado dos exames laboratoriais a que me submeti, que deveria buscar os meios para percorrer a trilha da conquista daqueles cem anos de vida. E por que não?, eu me perguntava, enquanto me apercebia da cultura adquirida, havia tanto tempo, da nutrição inconseqüente legada pelos costumes, hábitos e tradições de meu tempo. É preciso dizer que nos anos cinqüenta o colesterol era algo mais ou menos desconhecido, tanto quanto outros agentes perniciosos à saúde. Naquela época, nossos pais, aos quarenta anos, aparentavam ter sessenta. Não pelas roupas que usavam, ou por padrões externos que a moda de então ditava, mas, principalmente, pela aparência corporal que exibiam, bem como pela perspectiva de curta longevidade a que faziam jus. O passar dos tempos, sobretudo na última década, ensinou-nos – e continua a nos provar – que a longevidade está em grande parte relacionada à alimentação saudável, onde a percepção do prazer não diz respeito à quantidade de alimentos que ingerimos, mas à sua qualidade e dosagem, tudo isto sem detrimento do deleite com que podemos – e devemos – nos nutrir. A qualidade da alimentação, bem como a educação neste sentido, deveria começar cedo na vida das pessoas, o que, sem dúvida, ocorre na cultura contida neste livro de receitas, de forma sugestiva, claro está, porém mais do que necessária e a bom tempo. Quer dizer, não devemos esperar que circunstâncias adversas à nossa saúde nos induzam à reeducação alimentar. Antes, temos o dever de construir o bem-estar, desde muito cedo, e ensinar este caminho aos nossos filhos, para que eles alcancem mais do que os cem anos aos quais alguém nascido na década de cinqüenta, nas palavras do Dr. Gross, teria o sagrado direito. Este livro de receitas de Helena e Ângela, profissionais da reengenharia da alimentação, com treze anos de resultados concretos nesta área, é, antes de uma advertência à cultura que desconhecia os perigos da mesa – do que não podemos culpar nossos antecessores –, um convite ao desfrute do prazer de alimentar-se com a certeza de resultados sadios. Comer, comer bem e sem culpas de fazê-lo, esta a lição nele contida, para quem almeja alcançar uma dieta saudável e justa, sem renunciar ao prazer do esforço mais legítimo à sobrevivência, o mais natural e rudimentar de que a história tem notícia, e, ainda assim, o mais nobre: o de alimentar-se.

PAULO C. AMARAL

# Dicas de Saúde

Faça seis refeições diárias. Gasta-se energia durante a mastigação, digestão dos alimentos e na absorção dos nutrientes.

Pratique exercícios regularmente, de preferência em ambientes frescos.

Seu cardápio deve conter muitos alimentos ricos em fibras, frutas, verduras e legumes. O organismo gasta energia para digeri-los.

Organize sua vida, durma o suficiente para acordar com disposição, tenha hora certa para comer, fazer exercícios, trabalhar e estudar. A falta de organização pode confundir seu organismo e dificultar a perda de peso.

Faça sempre o café da manhã. O combustível para um dia de atividade você retira da primeira refeição.

Passar fome não queima calorias, fazendo isto o metabolismo torna-se lento.

Uma janta light é uma boa pedida, seu corpo à noite trabalha devagar, preparando-se para o repouso.

Fazer amor ativa o organismo. Isto confere ao corpo os benefícios de um exercício.

Mesmo sendo inverno prefira banhos mornos, o organismo vai produzir calor para manter a temperatura corporal, assim gastando calorias.

Fortaleça todos os músculos com exercícios localizados.

# Molhos

## Molho branco light

**Ingredientes:** 83 g de margarina com baixo teor de gordura, 83 g de farinha de trigo especial, 1 litro de leite desnatado, sal, pimenta-do-reino branca.

**Preparo:** Numa panela, derreta a margarina em fogo baixo. Junte a farinha e cozinhe por 1 minuto, mexendo sempre. Retire a panela do fogo e junte o leite aos poucos, mexendo. Deixe ferver lentamente, mexendo ou batendo, e continue a cozinhar até a mistura engrossar. Cozinhe suavemente por 3 minutos. Retire a panela do fogo e tempere com sal e pimenta-do-reino branca.

**Rendimento:** 1000 ml
**Calorias por 100 ml:** 94 cal
**Calorias por colher de sopa:** 16 cal

## Molho de alho-poró e peru defumado

**Ingredientes:** 225 g de alho-poró, 25 g de margarina com baixo teor de gordura, 25 g de farinha de trigo especial, 425 ml de leite desnatado, 175 g de peito de peru defumado, 10 g de cebolinha verde picada, 85 g de queijo cheddar com baixo teor de gordura, sal, pimenta de reino.

**Preparo:** Numa panela derreta a margarina em fogo baixo. Adicione os alhos-porós bem picados e cozinhe por 8 a 10 minutos até ficarem macios. Junte a farinha e cozinhe por um minuto, mexendo. Retire a panela do fogo e junte o leite. Coloque novamente no fogo e deixe ferver levemente, mexendo sempre até que a mistura engrosse. Cozinhe suavemente por 3 minutos. Retire a panela do fogo. Pique bem o peito de peru e adicione-o ao molho, com as cebolinhas. Junte o queijo, o sal e a pimenta. Misture bem. Reaqueça o molho, mexendo-o, sem deixar ferver. Sirva com vegetais, como batatas e brócolis, morango ou salada verde.

**Rendimento:** 850 ml
**Calorias por 100 ml:** 107 cal
**Calorias por colher de sopa:** 15 cal

## MOLHO DE BAUNILHA

**Ingredientes:** 15 g de frutose, 15 g de amido

de milho, 1 pitada de sal, 2 gemas, 300 ml de leite desnatado, gotas de essência baunilha.

**Preparo:** Coloque a frutose, o amido de milho, o sal e as gemas numa tigela. Adicione duas colheres de sopa de leite e bata até ficar macio. Numa panela, deixe o leite restante ferver lentamente. Despeje-o ainda quente sobre a mistura de amido de milho, batendo bem. Volte a mistura à panela e deixe ferver lentamente, batendo sempre, até a mistura engrossar. Cozinhe por mais 1 minuto, juntando algumas gotas de essência de baunilha antes de servir. Sirva sobre frutas assadas saladas de frutas, sorvetes, pudins.

**Rendimento:** 300 ml

**Calorias por 100 ml:** 131 cal

**Calorias por colher de sopa:** 19 cal

## Molho de chocolate

**Ingredientes:** 15 g de cacau em pó, 30 g de frutose, 15 g de amido de milho, 300 ml de leite desnatado, 15 g de margarina light.

**Preparo:** Peneire o cacau numa tigela, junte a frutose, o amido de milho e um pouco de leite, misture tudo até ficar uniforme. Ponha o leite restante e a margarina light numa panela e deixe ferver lentamente. Retire a panela do fogo e adicione o leite quente sobre a mistura do cacau, batendo sempre. Volte o molho à panela e reaqueça suavemente mexendo sempre, até o molho engrossar. Cozinhe por mais 3 minutos. Sirva com bombinhas recheadas com cremes e frutas frescas, pudins, sorvetes diet ou frozen iogurte.

**Rendimento:** 300 ml

**Calorias por 100 ml:** 127 cal

**Calorias por colher de sopa:** 21 cal

## Molho de damasco

**Ingredientes:** 225 g de damascos secos, 45 g de frutose, 300 ml de vinho branco seco.

**Preparo:** Pique os damascos e adicione a frutose em uma panela com 150ml de água. Aqueça a mistura em fogo brando até a frutose dissolver. Deixe ferver lentamente, tampe e cozinhe suavemente por 20 minutos, mexendo de vez em quando. Retire a panela do fogo e deixe esfriar. Quando estiver fria a mistura, faça com ela um purê, em liquidificador ou processador de alimentos. Ponha o purê na panela e reaqueça-o suavemente com o vinho branco. Sirva com frutas assadas, pudins.

**Rendimento:** 550 ml

**Calorias por 100 ml:** 110 cal

**Calorias por colher de sopa:** 21 cal

## Molho de laranjas e abacaxi

**Ingredientes:** 300 g de abacaxi fresco doce, 2 laranjas, 45 g de geléia de damasco diet, 10 g de amido de milho, 5 g de especiarias (cravo, canela, anis estrelado).

**Preparo:** Descasque o abacaxi e retire o miolo. Pique-o. Descasque as laranjas e pique as polpas ligeiramente. Coloque as laranjas, o abacaxi e a geléia de damasco em uma panela com 150 ml de água e misture bem. Deixe ferver, mexendo. Tampe e cozinhe suavemente por 15 minutos, mexendo de vez em quando. Retire a panela do fogo e deixe esfriar. Faça um purê com a mistura num processador ou liquidificador. Coe a mistura numa peneira de nylon e descarte a polpa. Coloque novamente o molho na panela e engrosse com o amido de milho diluído em uma colher de sopa de água. Adicione as especiarias. Sirva quente, com frango ou peixe ou com sorvetes diet ou iogurte desnatado.

**Rendimento:** 450 ml

**Calorias por 100 ml:** 75 cal

**Calorias por colher de sopa:** 12 cal

## Molho de queijo e ervas

**Ingredientes:** 1 dente de alho, 225 g de queijo cremoso desnatado, 150 ml de creme azedo light, 10 g de ervas frescas (salsa, cebolinha, alecrim, tomilho), 10 g de suco de limão, sal, pimenta-do-reino branca.

**Preparo:** Descasque e esmague o alho. Ponha numa tigela o alho, o queijo cremoso, o creme azedo e as ervas. Adicione o sal, o suco de limão e a pimenta. Bata os ingredientes até estarem bem misturados. Tampe e deixe o molho em lugar fresco por 30 minutos antes de servir, para acentuar o sabor das ervas. Sirva com saladas frescas de folhas, vegetais crus ou cozidos.

**Rendimento:** 350 ml
**Calorias por 100 ml:** 244cal
**Calorias por colher de sopa:** 31 cal

## Molho de iogurte e frutas

**Ingredientes:** 300 g de pêssego em lata light, 225 g de abacaxi em lata diet, 300 ml de iogurte natural desnatado, 55 g de açúcar confeiteiro.

**Preparo:** Liquidifique os abacaxis e os pêssegos com seus sucos, até formar um purê. Ponha o purê de frutas numa tigela. Junte o iogurte natural desnatado e misture bem. Peneire açúcar de confeiteiro por cima. Sirva com frutas frescas ou pudins assados.

**Rendimento:** 900 ml
**Calorias por 100 ml:** 61 cal
**Calorias por colher de sopa:** 10 cal

## Molho de iogurte e hortelã

**Ingredientes:** 1 dente de alho, 300 ml de iogurte natural desnatado, 30 ml de leite desnatado, 20 g de hortelã fresca picada, sal, pimenta-do-reino.

**Preparo:** Descasque e esmague o alho. Ponha numa tigela o alho, o iogurte, o leite, a hortelã, o sal e a pimenta. Bata os ingredientes juntos até estarem bem misturados. Tampe e deixe o molho em lugar fresco por 30 minutos. Ajuste o tempero antes de servir. Sirva com frango, vegetais crus ou cozidos.

**Rendimento:** 350 ml

**Calorias por 100 ml:** 43 cal

**Calorias por colher de sopa:** 8 cal

## Molho tártaro

**Ingredientes:** 55 g de pepinos em conserva, 10 g de alcaparras, 300 ml de maionese light, 10 ml de vinagre de estragão, 10 g de salsa fresca picada, 10 g de cebolinha verde picada, 50 g de estragão fresco picado, sal, pimenta-do-reino.

**Preparo:** Pique bem miudinho os pepinos e as alcaparras, e coloque-os numa tigela. Junte a maionese e misture bem. Adicione o vinagre, a salsa, a cebolinha verde, o estragão, sal e pimenta, misture bem. Deixe descansar por 30 minutos. Sirva com carnes grelhadas ou saladas folhosas.

**Rendimento:** 400 ml

**Calorias por 100 ml:** 253 cal

**Calorias por colher de sopa:** 34 cal

# SALADAS

## Alcachofras recheadas

**Ingredientes:** 4 alcachofras com talos removidos e um terço das folhas retiradas, 10 ml de suco de limão, 75 g de cenouras cortadas em rodelas, 40 g de purê de tomate, 75 g de couve-flor em floretes, 75 g de brócolis em floretes, 75 g de abobrinha zucchine cortada em rodelas, 1 lâmina de gengibre fresco. *Molho:* 10 g de tofu escorrido, 40 g de purê tomate, 10 g de raiz forte, 20 ml de suco limão, 10 ml de vinagre de maçã, 10 g de cebola picada, 5 gotas de molho tabasco, pimenta-do-reino.

**Preparo:** Coloque todos os vegetais numa panela de tamanho médio, juntamente com o gengibre, e cozinhe por 7 minutos ou até que estejam macios. Numa panela funda coloque as alcachofras e o suco de limão e adicione água fervente até cobri-las. Tampe a panela e cozinhe por 30 minutos ou até que as folhas externas das alcachofras saiam facilmente. Remova a parte central de cada alcachofra e recheie com os vegetais cozidos com o gengibre, frios. Para fazer o molho, coloque todos ingredientes no liquidificador ou num processador e bata até obter um purê. Coloque um pouco do molho sobre cada alcachofra e sirva.

**Rendimento:** 8 porções
**Calorias por porção:** 132 cal

## CARPACCIO DE PALMITO

**Ingredientes:** 240 g de palmitos frescos, 8 tomates secos picados, 5 ml suco de limão, sal, pimenta calabresa a gosto, ramos de endro-dill, 10 g de cebolinha picada, 100 g de alface crespa, 30 g de radicchio, 5 ml óleo de oliva extravirgem.

**Preparo:** Em um ralador, corte metade do palmito em rodelas bem finas. A outra metade, corte em tirinhas bem finas. Adicione a cebolinha verde picada, as alfaces, o radicchio, o óleo de oliva e o suco de limão. Em um prato, disponha os palmitos em rodelas. No centro, a mistura do palmito em tirinhas com as verduras e os temperos. Distribua os tomates secos ao redor, polvilhe com sal e pimenta, calabresa. Enfeite com ramos de endro-dill.

**Rendimento:** 4 porções
**Calorias por porção:** 47 cal

## Salada de cogumelos, abobrinha e tomates

**Ingredientes:** 6 cogumelos grandes fatiados, 4 abobrinhas cortadas em fatias finas, 4 tomates sem pele e cortados em 4 partes, 10 g de manjericão fresco, 1 molho de agrião limpo e dividido em ramos.

**Preparo:** Misture os cogumelos, as abobrinhas e os tomates numa saladeira e salpique com o manjericão. Decore com os raminhos de agrião. Sirva com o molho de sua preferência.

**Rendimento:** 4 porções

**Calorias por porção:** 20 cal

## Salada de escarola com carpaccio

**Ingredientes:** 1 molho de escarola (use as folhas do centro), 1 pimentão vermelho sem sementes cortados em cubinhos, 8 tomates cerejas, 4 fatias de pão de fôrma diet cortadas em quatro e torradas, 250 g de carpaccio (40 fatias) dobrados em leque, 20 g de alcaparras, 20 g de queijo parmesão ralado. *Molho:* 10 g de mostarda de Dijon, 1 dente de alho picado, 10 g de vinagre de maçã aquecido, 10 ml de óleo de oliva extravirgem, 60 ml de creme de leite light, 30 ml de caldo de carne (ver receita pag. 17), sal, pimenta a gosto.

**Preparo:** Em uma travessa, arrume as folhas da escarola. Em volta, coloque o pimentão, e no centro os tomates cereja e as fatias de pão torrado cortadas em 4 partes. Distribua os leques de carpaccio. Por cima coloque as alcaparras e salpique com parmesão ralado. Em uma tigela, coloque a mostarda e o alho. Junte o vinagre aquecido, óleo de oliva, o sal e a pimenta. Por último coloque o creme de leite light, o caldo de carne e bata com um batedor até obter um creme homogêneo. Sirva a salada com o molho à parte.

**Rendimento:** 5 porções

**Calorias por porção:** 165 cal

## SALADA DE FRANGO DEFUMADO E FRUTAS

**Ingredientes:** 150 g de alface americana picada, 30 g de aipo picado, 30 g de pimentões vermelhos laminados, 25 g de nozes cortadas ao meio, 75 g de uvas verdes sem pele e sem sementes, cortadas aos meio, 120 g de peras descascadas sem o miolo e fatiadas, 250 g de frango defumado sem pele e sem osso cortados em cubinhos, 20 g de iogurte desnatado, 20 g de maionese light, 30 g de pepinos em conserva ralados, 10 g de cebolas raladas, estragão fresco, sal, pimenta-do-reino preta.

**Preparo:** Em uma tigela, misture a alface americana, o salsão, o pimentão vermelho, as nozes, as uvas, a pêra e os cubinhos de frango defumado. Reserve. Misture o iogurte com a maionese light, os pepinos, as cebolas e o estragão. Tempere com sal e pimenta. Antes de servir aplique o molho sobre a salada e enfeite com fatias de pêra e raminhos de estragão.

**Rendimento:** 8 porções

**Calorias por porção:** 87 cal

## SALADA DE VEGETAIS

**Ingredientes:** 5 ml óleo de oliva extravirgem, 125 g de bambu picado, 50 g de ervilhas torta, 125 g de cenouras cortadas em rodelas finas, 50 g de brócolis, só a flor, sal, 10 ml de água, 125 g de broto de bambu, 1 molho de agrião

**Preparo:** Aqueça o óleo de oliva em uma frigideira antiaderente. Acrescente o bambu picado, a ervilha torta, a cenoura e as flores de brócolis. Refogar e saltear por 1 minuto. Adicione os brotos de bambu temperado com sal. Refoge por mais 1 minuto. Sirva quente sobre folhas de agrião.

**Rendimento**: 4 porções

**Calorias por porção**: 68 cal

### SALADA DE MELÃO COM CAMARÕES

**Ingredientes:** 350 g de camarões perolados, 300 g de melão cantalupo, 2 folhas de louro, 50 g vinho de Porto Branco Seco, 1 erva-doce pequena cortada em fatias finas, 2 laranjas descascadas e cortadas em rodelas, 100 g de cebolas cortadas em rodelas finas, 10 ml de óleo de oliva extravirgem, 4 cebolinhas verdes, sal, pimenta-do-reino a gosto.

**Preparo:** Em uma panela com água fervente acrescente o louro, o vinho, os camarões e deixe cozinhar por 3 minutos. Escorra os camarões e deixe esfriar. Corte a polpa do melão em triângulos alongados. Decore o prato com rodelas de laranjas, distribuindo, intercaladamente, o melão, os camarões e as cebolas. Tempere com sal, pimenta-do-reino e regue com um fio de óleo de oliva. Salpique cebolinha verde.

**Rendimento:** 5 porções

**Calorias por porção:** 116 cal

## Salada de melão à St. Jones

**Ingredientes:** 1 melão cantalupe médio cortado em 4 fatias grossas, 200 g de peito de peru defumado em fatias, 1 pêra sem sementes e cortada em fatias finas. *Molho:* 50 ml de caldo de frango, 1 envelope de adoçante em pó, 10 ml de shoyu, 10 ml de limão, 10 g de amido de milho, 20 ml de água, 5 g de semente de gergelim preto, morango e folhas de hortelã para decorar.

**Preparo:** Recorte a fatia do melão em pedaços de 3 cm, destacando da casca. Intercale as fatias de peito de peru enrolados e as fatias de peras com os pedaços de melão. Em uma panela, coloque o caldo de frango, o adoçante, o shoyu, o limão e o sal. Deixe ferver por 3 minutos. Acrescente o amido de milho dissolvido na água. Deixe engrossar e retire do fogo. Depois de frio, regue o melão com o caldo e salpique gergelim preto. Decore com folhas de hortelã e morangos. Sirva gelado.

**Rendimento:** 4 porções

**Calorias por porção:** 110 cal

## SALADA DE VIEIRAS COM CAVIAR E COGUMELOS

**Ingredientes:** 12 vieiras, 120 g de fundos de alcachofra em conserva, 120 g de cogumelos naturais, 100 ml de caldo de frango, (ver receita pág. 45), suco de limão, 1 dente de alho esmagado, 30 ml de óleo de oliva extravirgem, 80 g de alfaces variadas, 10 g de ervas aromáticas (fines herbes), sal, pimenta-do-reino, 20 g de caviar, cerefólio. *Vinagrete:* 80 g de água filtrada, 25 g amido de milho, 15 ml de vinagre de vinho tinto, 20 g de mostarda de Dijon, 20 ml de óleo de oliva extravirgem, sal, pimenta-do-reino preta moída, 10 ml de molho inglês Worcestershire.

**Preparo:** Corte os talos dos cogumelos e cozinhe-os durante 6 minutos no caldo de frango. Escorra e reserve. Corte as alcachofras em cubinhos. Numa frigideira antiaderente, coloque o óleo de oliva e refogue os cogumelos e as alcachofras, de modo que fiquem crocantes, Reserve. Corte as vieiras em 2 no sentido da espessura, cozinhe levemente no caldo de frango. Disponha num refratário as folhas de alfaces variadas, ramos de ervas, temperados com o vinagrete. No preparado de cogumelos e alcachofra acrescente ervas picadas e tempere com o vinagrete. Acrescente as vieiras e decore com caviar.

**Rendimento:** 4 porções

**Calorias por porção:** 170 cal

## SALADA JAPONESA

**Ingredientes:** 1 pacote de brotos de feijão lavados, 1 prato fundo de acelga cortada, 1 cenoura ralada, coentro picado, 50 g de cogumelos em conserva laminados. *Molho:* 12 pedaços de kani em cubos, 10 g de gengibre tostado, 30 ml de água filtrada, 10 g adoçante em pó, 10 g de gengibre em tiras, 10 ml de shoyu, sal a gosto, 20 g de vinagre de arroz.

**Preparo:** Em uma tigela, misture o broto de feijão, a acelga, a cenoura, o coentro e os cogumelos. Em um panela, ferva por 2 minutos a água com o adoçante e o gengibre. Deixe esfriar e acrescente o shoyu, o vinagre e o sal. Regue a salada e reserve por 10 minutos. Sirva em um prato fundo e acrescente o kani e o gergelim.

**Rendimento:** 6 porções
**Calorias por porção:** 182 cal

### SALADA MEDITERRÂNEA

**Ingredientes:** 1 molho de alface mimosa lavada e seco (pique as folhas em 3 partes), 400 g de salmão defumado, 120 g de tomate cortado em fatias finas, 30 g de erva doce em tirinhas, 8 azeitonas pretas laminadas. *Molho:* 20 g de salsa picada, 20 g de manjericão (só as folhas), 30 ml caldo de frango, 10 ml de óleo de oliva extravirgem, 10 g de amêndoas torradas, 10 g de farinha de rosca, 10 g de queijo parmesão ralado, 1 dente de alho amassado, sal a gosto.

**Preparo:** Arrume as folhas da alface ao redor de uma travessa. No centro, coloque o salmão enroladinho. Depois, arrume as fatias de tomates e as tiras de erva doce. Salpique com as azeitonas. Bata todos os ingredientes do molho no liquidificador até obter um creme homogêneo. Regue a salada. Leve à geladeira por 15 minutos.

**Rendimento:** 4 porções
**Calorias por porção:** 162 cal

## Salada Palm Beach

**Ingredientes:** 150 g peito de peru defumado em cubinhos, 340 g de cenouras em cubinhos, 150 g de aipo em cubinhos, 20 ml de suco de laranjas natural, 5 ml de licor de Cointreau, 45 g de passas pretas, 180 g de palmitos picados, 40 g de maionese light, 70 ml de molho branco light, (ver receita pág. 17 ) 300 g de abobrinhas italianas, sal, 5 ml de óleo de oliva extravirgem, folhas de hortelã para decorar.

**Preparo:** Ferva as passas pretas no suco de laranja e no cointreau até ficarem macias. Reserve. Refogue em uma panela antiaderente com óleo de oliva, o aipo, a cenoura, o peito de peru e abobrinha italiana. Tempere com sal. Coloque num escorredor para soltar os líquidos. Reserve. Misture a maionese light com o molho branco light e adicione a esta mistura as passas embebidas na laranja e os legumes refogados. Coloque em uma travessa e sirva com folhas de hortelã.

**Rendimento:** 5 porções

**Calorias por porção:** 197 cal

### Salada tropical

**Ingredientes:** 1 xícara de chá de cenouras em cubos, 1 xícara de chá de maçã verde com casca em cubos, 1 xícara de chá de kiwi em cubos, 1 batata cozida em cubos, 10 g de uvas passas pretas, 10 g de hortelã picada, 4 folhas de alface americana, 5 g de sementes de papoula, 10 ml suco de limão para temperar, sal a gosto.

**Preparo:** Misture os ingredientes da salada (menos a alface e as sementes de papoula). Tempere com sal e limão. Reserve. Distribua as folhas de alface em quatro pratos e recheie com a salada. Por último polvilhe com as sementes de papoula. Sirva cada porção com 2 torradinhas de fibrax.

**Rendimento:** 4 porções

**Calorias por porção:** 157 cal

## Salada tropicália

**Ingredientes:** 10 folhas de alface americana lavadas e rasgadas ao meio, 12 tomates cereja cortados ao meio, 2 rodelas mussarela de búfala, 2 figos cortados em 4 partes, 4 tiras de manga. *Molho:* 10 g de mostarda de Dijon, 5 g de cebolas raladas, 20 ml de creme de leite light, 10 g de alcaparras, sal a gosto.

**Preparo:** Monte a salada em dois pratos. Arrume uma camada de alface e distribua os tomates cereja nas bordas. Faça um círculo com a mussarela de búfala. No centro, coloque o figo cortado, e sobre cada mussarela uma tira de manga enrolada. Para o preparo do molho, coloque todos os ingredientes em uma tigela e misture até obter uma mistura homogênea. Regue a salada com o molho.

**Rendimento:** 2 porções
**Calorias por porção:** 133 cal

# SOPAS

## Caldo de carne (brodo)

**Ingredientes:** 1 kg de osso de vitela, 100 g de cebolas, 100 g de cenouras, 2 dentes de alho, 1 alho-poró médio, 1 talo de aipo, 3 tomates maduros, 1 cravo, 1 bouquet garni (um amarrado de ervas: salsa, cebolinha, louro, tomilho ou manjerona).

**Preparo:** Coloque os ossos de vitela em uma assadeira para tostar em forno quente (180ºC), cuide para não queimar. Ponha em uma panela alta, cubra com água fria e deixe ferver. Retire a espuma e os resíduos. Junte o bouquet garni e cozinhe em fogo baixo por 2 horas. Deixe descansar durante 20 minutos. Peneire e reserve.

**Calorias por porção:** 185 cal
**Rendimento:** 1 litro

## Caldo de frango (brodo)

**Ingredientes:** 1 kg de ossos de frango, 100 g de cebolas, 100 g de cenouras, 2 dentes de alho, 1 alho-poró médio, 1 talo de aipo, 1 cravo, 1 bouquet garni (um amarrado de ervas: salsa, cebolinha, louro, tomilho ou manjerona).

**Preparo:** Coloque os ossos de frango quebrados em uma panela alta e cubra-os com água fria. Deixe ferver e retire a espuma e os resíduos com uma escumadeira. Adicione o bouquet garni e cozinhe por mais 25 minutos. Peneire e reserve.

**Calorias por porção:** 155 cal
**Rendimento:** 1 litro

## CALDO DE PEIXE (BRODO)

**Ingredientes:** 1 kg de espinhas e cabeças de peixe, 150 g de cebolas, 50 g de cebolas roxas, 50 g de cenouras, 2 talos de aipo, 1 alho-poró pequeno, 1 bouquet garni (um amarrado de ervas: salsa, cebolinha, louro, tomilho ou manjerona).

**Preparo:** Em uma panela, junte as espinhas e as cabeças de peixe, cubra com água e ponha para ferver. Adicione o bouquet garni e deixe ferver por mais 20 minutos. Deixe descansar por 10 minutos. Peneire e reserve. Use preferencialmente cabeças de peixe, pois são mais saborosas.

**Calorias por porção:** 165 cal
**Rendimento:** 1 litro

## SOPA CREME DE ABÓBORA

**Ingredientes:** 500 g de abóbora moranga, 60 g de cebolas, 1 dente de alho, 20 g de aipo, 1 raminho de tomilho fresco, ½ folha de louro, 1.250 ml de caldo de frango, 10 g de leite em pó desnatado, 5 ml de óleo de oliva extra-virgem, 30 g de cerefólio fresco.

**Preparo:** Lave e limpe os legumes, pique-os bem miudinhos. Desfolhe o tomilho, pique o louro, esmague o dente de alho. Reserve. Em uma panela, coloque para aquecer o óleo de oliva. Acrescente os legumes e as ervas aromáticas. Cozinhar em fogo brando tampado durante 8 minutos. Acrescente o caldo de frango e deixe fervendo por 20 minutos. Deixe esfriar. Liquidifique a sopa até obter um creme liso e homogêneo. Passe por uma peneira. Se ficar muito espessa adicione mais caldo de frango. Coloque sal a gosto.

**Rendimento:** 4 porções
**Calorias por porção:** 52 cal

## Sopa cremosa de alcachofra

**Ingredientes:** 500 g de fundos de alcachofra em conserva, 30 ml de suco de limão, 10 ml de óleo de oliva extravirgem, 900 ml de caldo de frango, 10 g endro seco, 10 g frutose, sal, pimenta-do-reino branca

**Preparo:** Corte as alcachofras em cubos salpicando-as com suco de limão. Aqueça o óleo de oliva e acrescente as alcachofras, mexendo bem. Tampe a panela e aqueça por 2 minutos em fogo baixo. Acrescente o caldo de frango e cozinhe por 30 minutos, até reduzir. Deixe esfriar. Liquidifique o caldo, acrescentando o endro desidratado e a frutose. Passe em uma peneira e reaqueça. Acrescente sal e pimenta a gosto.

**Rendimento:** 4 porções

**Calorias por porção:** 132 cal

## Sopa cremosa de legumes

**Ingredientes:** 20 g de margarina light, 100 g de cenouras picadas, 100 g de nabos picados, 100 g de batatas picadas, 100 g de aipo picado, 100 ml de caldo de frango, 375 ml de leite desnatado, 20 g de frutose, noz-moscada, sal, pimenta-do-reino branca, 1 gema, cerefólio picado.

**Preparo:** Numa panela, derreta a margarina light e refogue os legumes por 5 minutos. Adicione o caldo de frango, o leite, a noz-moscada, o sal, a pimenta e a frutose, cubra, cozinhe por 20 minutos em fogo brando, mexendo sempre. Deixe esfriar. Liquidifique a mistura até ficar cremosa. Torne a aquecer. Numa tigela, bata as gemas e adicione à sopa. Salpique cerefólio e sirva.

**Rendimento:** 8 porções

**Calorias por porção:** 62 cal

### SOPA CREMOSA DE SALSÃO E CAMARÕES

**Ingredientes:** 200 ml de molho branco básico, 100 g de aipo, 300 ml de leite desnatado, 5 g de páprica, 5 g de pimenta-do-reino branca, 20 g de iogurte natural desnatado, 50 g de camarões cozidos sem casca, ciboulette para enfeitar, 20 ml de óleo oliva extravirgem, 20 ml de conhaque.

**Preparo:** Retire a fibra do aipo, corte-os bem miudinhos e refogue-os em óleo de oliva, sal e pimenta. Acrescente o aipo refogado ao molho branco básico e liquidifique. Adicione a páprica, coe e reserve. Limpe os camarões e doure-os em uma frigideira antiaderente. Flambe com o conhaque. Acrescente ao molho branco coado os camarões flambados e o iogurte natural. Sirva a sopa quente ou fria e enfeite com ciboulette.

**Rendimento:** 6 porções

**Calorias por porção:** 99 cal

### Sopa de alho-poró

**Ingredientes:** 20 g de margarina light, 3 alhos-porrós bem picados, 1 cebola pequena bem picada, 120 g de batatas sem casca em cubos, 20 g de aipo em cubinhos, 200 g de caldo de frango, sal, pimenta-do-reino branca, 200 ml leite desnatado, 1 molho de salsinha, 1 manjericão verde fresco, picado.

**Preparo:** Numa panela antiaderente, derreta a margarina light e refogue delicadamente os legumes. Adicione o caldo de frango. Tempere a gosto com sal e pimenta. Cubra. Deixe ferver por 15 minutos ou até que os legumes fiquem macios. Em outra panela, aqueça o leite, sem ferver, reserve. Amasse os legumes com um espremedor. Misture levemente o leite aquecido. Cozinhe por mais 10 minutos. Salpique com salsinha picada e manjericão.

**Rendimento:** 8 porções

**Calorias por porção:** 41 cal

## SOPA FRIA DE PEPINO

**Ingredientes:** 600 g de iogurte natural desnatado, 1 pepino médio, 20 g de manjericão fresco picado, 50 ml de caldo de frango, 40 ml de suco limão, 1 dente de alho picado, sal a gosto.

**Preparo:** Corte o pepino em cubinhos, salpique sal, deixe escorrer o suco. Em uma travessa de inox, misture o iogurte desnatado, o pepino cortado em cubinhos, o manjericão picado, o suco de limão, o alho picado e o sal. Adicione o caldo de frango e mexa até obter uma mistura homogênea. Leve à geladeira por 1 hora. Antes de servir, decore cada porção com folhinhas de manjericão.

**Rendimento:** 4 porções
**Calorias por porção:** 73 cal

### Sopa gelada de tomate e manjericão

**Ingredientes:** 1 kg de tomates maduros, sem pele e sementes, picados, 1 dente de alho picadinho, 10 g de manjericão fresco picado, 450 ml de caldo de frango, suco de uma laranja grande, 2 filés de anchovas, picados, pimenta-do-reino preta.

**Preparo:** Coloque os tomates numa panela grande para ferver juntamente com o alho, o manjericão, o caldo do frango, o suco de laranja, os filés de anchova, o sal e pimenta a gosto. Após ferver, cozinhe em fogo baixo por mais 4 minutos. Reserve. Deixe esfriar e liquidifique até obter uma mistura homogênea bem cremosa. Coloque esta mistura em uma tigela grande, tampe e gele pelo por menos 4 horas.

**Rendimento:** 5 porções
**Calorias por porção:** 162 cal

## Sopa rústica de beringela

**Ingredientes:** 20 ml de óleo de oliva extravirgem, 1200 g de beringelas, 100 g de cebolas picadas, 1 dente de alho, 2 litros de leite desnatado, 100 g de queijo parmesão, sal, pimenta-do-reino, tomilho fresco e manjerona picada.

**Preparo:** Descasque as beringelas e corte em cubos. Coloque o óleo de oliva para aquecer, dourar as cebolas e o alho picado. Após alguns minutos acrescentar a beringela e o leite quente. Temperar com sal e pimenta e deixar cozinhar por 30 minutos. Quando estiver cozido, deixe esfriar e liquidifique. Aqueça novamente, acrescente o queijo parmesão, a manjerona e o tomilho fresco picados.

**Rendimento:** 12 porções

**Calorias por porção:** 77 cal

## Sopa Yocoto

**Ingredientes:** 200 ml de iogurte natural desnatado, 200 ml de leite desnatado, 200 g de pepinos descascados e picados, 240 g de tomates sem peles e sementes, picados em cubos, 20 g de óleo de oliva extravirgem, 20 g de ciboulette, folhas de manjericão para enfeitar.

**Preparo:** Num processador de alimentos, misture o iogurte desnatado com o leite desnatado. Coloque esta mistura em uma tigela grande e junte os demais ingredientes. Tempere a gosto com sal, óleo de oliva extravirgem e pimenta-do-reino, salpique ciboulette. Sirva fria.

**Rendimento:** 8 porções

**Calorias por porção:** 50 cal

# Frutos do mar

## Aspic de camarão

**Ingredientes:** 350 g de camarões perolados, 2 envelopes de gelatina sem sabor, 100 ml de suco de tomates, 10 ml de suco de limão, 10 g de cebolas raladas, 20 g de pepinos em conserva picados, 5 g de raiz-forte, pimenta-do-reino a gosto, folhas de endívia para decorar.

**Preparo:** Limpe os camarões, tempere com pimenta-do-reino, sal e limão. Pique-os miudinhos. Numa panela, dissolva a gelatina em 50 ml de suco de tomate e leve ao fogo baixo, em banho-maria, mexendo sempre. Junte o restante do suco de tomates e acrescente os demais ingredientes (pepino, cebola, suco de limão, camarões). Coloque numa fôrma de gelatina e leve à geladeira até firmar. Desenforme e, ao servir, enfeite com folhas de endívias.

**Rendimento:** 6 porções

**Calorias por porção:** 56 cal

## Bacalhau brisa do mar

**Ingredientes:** 500 g de bacalhau do porto, 2 dentes de alho picadinhos, 30 ml de óleo de oliva extravirgem, 500 g de massa papardelle "al dente", 150 g de cebolas em rodelas finas, 30 g de azeitonas pretas laminadas, salsa picadinha a gosto, 20 ml de vinagre branco suave, sal e pimenta-do-reino branca a gosto.

**Preparo:** Deixe o bacalhau de molho por 24 horas, trocando a água pelo menos 3 vezes. Afervente o bacalhau, retire a pele e as espinhas. Desfie e reserve. Numa panela, doure o alho, o óleo de oliva, o louro e as cebolas em rodelas. Retire tudo com a escumadeira e coloque tudo em uma tigela. Reserve. Na mesma panela, grelhe o bacalhau e as azeitonas laminadas. Tempere com sal, pimenta e vinagre. À parte, cozinhe em água e sal a massa. Escorra e passe sobre água corrente. Reserve. Deixe-a al dente. Sirva uma porção da massa e coloque uma porção do bacalhau grelhado com uma porção de cebolas douradas em rodelas. Salpicar com a salsa e alho picadinhos.

**Rendimento:** 12 porções

**Calorias por porção:** 248 cal

## Bacalhau à Barcelos

**Ingredientes:** 2 quilos de bacalhau fresco, 3 limões, 65 ml de vinho branco, 85 ml de óleo de oliva extravirgem, 630 g de batatas inglesas, 50 g farinha de trigo especial, 30 ml de conhaque, 2 molhos de brócolis, 300 g de pimentões vermelhos, 300 g de pimentões amarelos, 400 g de cebolas, 25 g de margarina light, 6 folhas de louro fresco, 1 dente de alho, noz-moscada, pimenta-do-reino branca.

**Preparo:** Limpe o bacalhau, retirando a pele e as espinhas, e corte em postas. Tempere-o com limão, sal, vinho branco, louro fresco, pimenta-do-reino branca e alho picadinho. Deixe descansar por 30 minutos. Escorra e passe levemente na farinha de trigo. Grelhe as postas em óleo de oliva até dourar (3 minutos de cada lado aproximadamente). Faça noizettes de batatas, cozinhe-as em água e sal e leve-as ao forno para assar até formar um película dourada. Limpar os brócolis e salteá-los levemente na margarina light, salpicar sal e noz-moscada. Cortar os pimentões vermelhos e amarelos e a cebola à Juliene, salteá-los na margarina e flambeá-los com conhaque. Sirva uma posta do bacalhau grelhado com os legumes acompanhando, tendo o cuidado de distribuí-los uniformemente (brócolis, batata assada, pimentão vermelho, pimentão amarelo e cebola).

**Rendimento:** 15 porções

**Calorias por porção:** 252 cal

## CALDEIRADA DE FRUTOS DO MAR

**Ingredientes:** 380 g de camarões perolados, 230 g de mexilhões, 150 g de congro cortado em cubinhos, 230 g de lulas em anéis, 150 g de massa de conchinha, 40 g de vagem em cubinhos, 40 g de abobrinha italiana em cubinhos, 70 g de vinho branco seco, 25 g de pimentões vermelhos em cubinhos, 50 g de cebolas liquidificadas, 540 g de caldo de peixe, 380 g de tomates liquidificados sem peles e sem sementes, 200 g de tomates em cubinhos, 80 g de molho de tomates, 1 dente de alho, 20 g de salsa picada, 20 ml de óleo de oliva extravirgem, folha de louro.

**Preparo:** Em uma panela refogue, com óleo de oliva, o alho, o pimentão, os tomates, as cebolas e o louro por 5 minutos. Acrescente os frutos do mar e dê uma leve refogada; adicione o tomate liquidificado e o molho de tomates. Deixe ferver por 15 minutos e adicione o caldo de peixe. Deixe reduzir. Prove o sal. No final cozinhe em separado a massa de conchinhas e aplique na caldeirada juntamente com os tomates cortados em cubos sem pele e sem sementes. Salpique salsa picada.

**Rendimento:** 6 porções

**Calorias por porção:** 227 cal

## CREPES DE SIRI À MODA ÓREGON

**Ingredientes:**

*Para os crepes*: 60 g de farinha de trigo, 360 ml de leite desnatado, 1 ovo, sal a gosto, margarina light para untar.

*Para o recheio:* 10 g margarina light, 20 g de cebola em cubos, 120 g de tomate em cubos sem pele e sem semente, 200 g de siri, 20 g de requeijão light, 50 ml de leite desnatado, 10 g de amido de milho, 10 g de salsa picada, sal a gosto, 12 talos de cebolinha verde.

*Para o molho:* 50 ml de vinho tinto, 10 g de tomilho, 200 g de tomates picados sem pele e sem sementes, sal a gosto.

**Preparo do crepe:** Bata os ingredientes no liquidificador até formar uma massa homogênea e líquida. Deixe descansar por 15 minutos. Em uma frigideira antiaderente pequena, untada com margarina, prepare 4 crepes finos. Reserve.

**Preparo do recheio:** Em uma panela, refogue a cebola na margarina light, acrescente o siri desfiado e os tomates em cubos. Doure bem. Misture. Junte o requeijão light, o leite, o amido de milho, a salsa e o sal. Recheie os crepes, dobre e amarre com as cebolinhas verdes passadas em água fervente. Coloque em uma travessa refratária.

**Preparo do molho:** Em uma panela, coloque o vinho e o tomilho. Leve ao fogo e deixe reduzir por 5 minutos. Por último acrescente os tomates picados e sal. Regue os crepes e sirva quente.

**Rendimento:** 4 porções

**Calorias por porção:** 200 cal

## FILÉ DE CONGRO AO MOLHO DE MARACUJÁ

**Ingredientes:** 2 quilos de filés de Congro, 3

maracujás, 1.250 g de batatas inglesas, 50 ml de caldo de peixe, (ver receita pág. 46), 1 molho de ciboulette, 450 g de requeijão cremoso light, 1 dente de alho, 20 g de frutose, 2 limões, 20 g de óleo de oliva extravirgem, sal a gosto.

**Preparo:** Limpe os filés de Congro, retirando delicadamente as espinhas, e corte em postas. Tempere com sal, alho e suco de limão. Grelhe em óleo de oliva, até dourar por 3 minutos de cada lado. Reserve. Corte as batatas em cubinhos e coloque-as em água fervente para cozinhar. Escorra e reserve. Retire a polpa do maracujá e coloque em uma panela junto com a frutose para cozinhar por meia hora. Passe por uma peneira fina, separando as sementes que usará para decorar o prato. Reserve este caldo de maracujá. Para o molho, misture com um batedor o requeijão cremoso, o caldo feito com suco do maracujá e acrescente aos poucos o caldo de peixe aquecido e coloque os ingredientes até formar um creme consistente. Sirva cada posta do filé de Congro grelhado com o molho de maracujá e decore com as sementes. Guarneça com as batatas salpicadas com ciboulette.

**Rendimento:** 17 porções

**Calorias por porção:** 238 cal

# Filé de congro à L'Orange

**Ingredientes:** 2 kg de filés de congro, 3 limões, 30 g de amido de milho, 600 ml de suco de laranjas natural, 1 envelope de adoçante, 180 ml de água, 40 g de casca das laranjas, 1 colher de sopa de licor de Cointreau, 30 g de farinha de trigo especial, 20 ml de óleo de oliva extravirgem, 50 g de passas pretas.

**Preparo:** Limpe os filés de congro, retirando as espinhas e cortar em postas. Tempere com sal e limão. Passe-os levemente na farinha de trigo e grelhe em óleo de oliva até dourar. Reserve. Coloque as passas pretas de molho em um pouco de água morna com o Cointreau, até amaciar. Em uma panela prepare o molho de laranjas, colocando para aquecer o suco das laranjas. Dilua o amido de milho e tão logo comece a levantar fervura acrescente o suco de laranja e deixar cozinhar por 2 minutos. Reserve. Corte em tirinhas bem fininhas as cascas das laranjas (somente a parte amarela) e coloque para amaciar em uma panela com água e adoçante até ferver. Escorra. Acrescente ao molho de laranja as raspinhas da casca de laranjas amaciadas e as passas pretas. Sirva cada posta do filé de Congro grelhado coberta com molho de laranjas e passas pretas.

**Rendimento:** 15 porções

**Calorias por porção:** 137 cal

## FILÉ DE LINGUADO AO MOLHO DE ALCAPARRAS

**Ingredientes:** 200 g de filés de linguado, suco de 2 limões, 1 dente de alho, 10 g óleo oliva extravirgem, 10 g de farinha de trigo especial, 10 g de alcaparras, 10 g de salsa picada, 50 ml de caldo de peixe (pág. 46), 20 g amido de milho.

**Preparo:** Limpe os de filés linguado, retirando as espinhas, corte em postas. Tempere com sal e limão. Passe-os levemente na farinha de trigo e grelhe-os em uma frigideira antiaderente até dourar. Reserve. Na mesma frigideira coloque o caldo de peixe, as alcaparras e a salsa picadinha, e deixe reduzir. Engrossar levemente com amido de milho. Sirva cada posta do linguado grelhado com uma porção do molho. Se desejar, sirva com batatas cozidas no vapor.

**Rendimento:** 2 porções

**Calorias por porção**: 213 cal

## Filé de Linguado com molho de limão

**Ingredientes:** 700 g de filés de linguado, 150 ml de água fria filtrada, 10 g de amido de milho, 150 ml de leite desnatado, 100 ml de iogurte natural desnatado, 10 ml de suco de limão, metade da casca de 1 limão, 20 g de frutose, salsinha para decorar, pimenta-do-reino branca, 10 ml de óleo de oliva extravirgem.

**Preparo:** Tempere os filés de linguado com sal, pimenta-do-reino branca e limão. Grelhe em uma frigideira antiaderente com o óleo de oliva. Misture o amido de milho com o leite e coloque-o em uma panela pequena. Leve ao fogo para ferver, mexendo sem parar, até obter um creme espesso. Cozinhe em fogo brando por 3 a 4 minutos. Remova o molho do fogo e misture cuidadosamente o iogurte, o suco de limão, metade da casca do limão (só a parte verde) em tirinhas bem finas e a frutose. Retorne para o fogo e aqueça sem deixar ferver. Sirva as postas de filé de linguado grelhado cobertas com o molho. Enfeite com as raspas a do limão e salsinha.

**Rendimento:** 4 porções
**Calorias por porção:** 176 cal

## Filé de Linguado com Shitake

**Ingredientes:** 1 kg de filés de linguado, 600 g de shitake, 200 ml de saque, 100 ml de shoyu, sal, 50 g de óleo de oliva extravirgem, 400 g de cenouras, 50 g de gengibre, 50 g de amido de milho, salsa crespa para decorar, 3 limões.

**Preparo:** Tempere os filés de linguado com sal e limão. Em uma panela antiaderente grelhe os filés de peixe com o saque e um pouco de óleo de oliva. Retire o peixe e acrescente o amido de milho, mexendo até engrossar. Reserve. Lave bem o shitake, retire o talo e refogue-os no shoyu com um pouco de óleo e enfeite-os com salsa crespa e gengibre.

**Rendimento:** 12 porções
**Calorias por porção:** 171 cal

## Filé de Robalo com Juliene Legumes

**Ingredientes:** 1.650 g filés de Robalo, 500 g de cenouras, 300 g de aipo, 300 g de alho-poró, ½ molho de tempero verde, 2 limões, sal puro, 600 ml de molho branco (pág. 17), 85 g de mostarda de Dijon, 4 g de açafrão, 40 g de farinha de trigo especial, 200 ml de óleo de oliva extra-virgem, gergelim preto (opcional).

**Preparo:** Limpe os filés de peixe, retirando as espinhas, corte em postas. Tempere com sal e limão. Passe-os levemente na farinha de trigo e grelhe em óleo de oliva até dourar. Reserve. Dilua o açafrão em um pouco de água fervente e adicione a mostarda; misture bem e acrescente esta mistura ao molho branco. Reserve. Retire a fibra do aipo e corte-o bem fininho à Juliene. Lave bem o alho-poró, retirando a terra alojada em seu bulbo e corte-o bem fininho à Juliene. Descasque a cenoura e corte-a da mesma forma. Refogue os legumes (cenoura, aipo e alho-poró) em óleo de oliva, deixando-os crocante. Salpique com salsa finamente picadinha. Reservar. Sirva cada posta do peixe grelhado ao lado os legumes refogados, cubra o peixe com o molho de mostarda de Dijon. Se desejar, salpique gergelim preto em cima do molho para dar um contraste de cor.

**Rendimento:** 12 porções

**Calorias por porção:** 195 cal

## LULA AO CURRY

**Ingredientes:** 140 g de ervilhas frescas, 70 g de óleo de oliva extravirgem, 400 g de cenouras, 400 g de batatas inglesas, 4 g de curry, 70 ml de vinho branco, 700 g de lulas em anéis, 80 g de kani kama, 425 g de arroz branco, 20 g de gergelim preto, 700 ml molho branco light (ver receita pág. 17), 10 g de alho, 100 g de cebola liquidificada, pimenta branca, sal.

**Preparo:** Lave as lulas e corte o kani kama em cubinhos. Reserve. Numa panela, aqueça o óleo de oliva, doure as cebolas e o alho. Adicione as lulas e o kani kama e refogue rapidamente. Acrescente sal e pimenta branca. Reserve. Faça noizettes das cenouras e das batatas, cozinhe-as em água e sal, deixando-as tenras. Escorra. Em outra panela, refogue as cenouras e a batatas rapidamente em óleo de oliva e por último acrescente as ervilhas frescas, adicione sal e reserve. Faça molho branco básico e acrescente o curry, o vinho branco e o queijo parmesão ralado. Adicione a esta mistura o refogado de lulas e kani kama, as cenouras, as batatas e as ervilhas, misturando bem. Faça arroz branco básico. Aqueça o gergelim preto em uma frigideira pequena antiaderente e toste. Retire-o da frigideira e coloque-o ainda quente num pilão para socá-lo e liberar seu perfume. Adicione-o já tostado ao arroz branco. Disponha uma porção de arroz com gergelim no centro do prato e ao redor coloque o molho com as lulas, o kani kama, as batatas, as cenouras e as ervilhas.

**Rendimento:** 14 porções

**Calorias por porção:** 228 cal

## Mousse de camarão

**Ingredientes:** 350 g de camarões perolados, 1 envelope de gelatina em pó sem sabor, 75 ml de água filtrada, 5 ml de suco de limão, 10 ml de molho inglês, 20 g de aipo picado, 10 g de cebolas raladas, 20 g de katchup, pimenta calabresa a gosto, 80 g de creme de leite light, 40 g de maionese light, folhas de alface mimosa para decorar.

**Preparo:** Limpe os camarões, tempere com suco de limão e sal. Corte miudinho. Reserve. Numa panela, amoleça a gelatina na água. Leve ao fogo baixo, em banho-maria, até dissolver. Adicione o suco de limão, o molho inglês, o aipo picado, a cebola, o ketchup, a pimenta e deixe esfriar. Leve à geladeira até quase firmar. Numa tigela, bata o creme de leite light até ficar bem leve e então junte com a gelatina e a maionese light. Coloque numa fôrma de gelatina e leve à geladeira até firmar. Na hora de servir, desenforme e enfeite com as folhas de alface mimosa.

**Rendimento:** 6 porções

**Calorias por porção:** 113 cal

## Paella de legumes com mexilhões

**Ingredientes:** 1 kg de mexilhões, 100 ml de vinho branco, 120 grama de arroz arbório, 150 g de cebolas, 100 g de cenouras, 2 talos de aipo, 1 dente de alho, 1 bouquet garni (tomilho, louro, salsa), 200 g de brotos de soja fresco, 10 ml de óleo de oliva extravirgem, 20 g de açafrão, sal, pimenta-do-reino branca, salsa picada para decorar.

**Preparo:** Lave bem os mexilhões para retirar a areia. Tempere com sal, pimenta-do-reino branca e vinho branco. Lave os brotos de soja, mergulhe-os por 1 minuto em água fervente, escorra. Descasque e lave os legumes, corte-os em cubinhos. Reserve. Em uma panela, coloque o óleo de oliva para aquecer, junte o arroz e refogue por 1 minuto. Acrescente os legumes e refogue por mais 2 minutos, mexendo sempre. Adicione o vinho branco e complete com água. Acrescente o açafrão, o bouquet garni, sal e pimenta-do-reino. Deixe ferver por aproximadamente 20 minutos com a panela tampada; no final, acrescente os mexilhões e deixe ferver por mais 5 minutos. Salpique com salsa picada.

**Rendimento:** 6 porções

**Calorias por porção:** 212 cal

# Aves

## Escalopinhos de frango
### recheados com laranja

**Ingredientes**: 300 g de filés de peito de frango sem pele e sem osso cortados ao meio, 40 g de farinha de glúten, 100 g de cebolas picadas, 20 g de alecrim fresco picado, 20 g de nozes picadas, 1 clara, 150 ml de caldo de frango, (ver receita pag. 45), 150 ml de suco de laranja natural, casca ralada de 1 laranja, gomos de 1 laranja, sal, pimenta-do-reino branca, raminhos de alecrim.

**Preparo**: Bata os filés de frango com um batedor de carne para que fiquem bem fininhos. Misture a casca de laranja ralada com a farinha de glúten, a cebola, o alecrim, as nozes, sal e pimenta a gosto; junte a clara e misture bem para dar liga a massa. Espalhe à mistura uniformemente sobre cada peito de frango. Enrole-os com se fossem rocamboles e amarre-os com barbante de algodão. Coloque-os numa panela grande e adicione o suco de laranja. Tampe a panela e leve ao fogo alto para ferver; então reduza o fogo e cozinhe por 25 minutos, até que o frango esteja macio. Remova os rocamboles de frango com uma escumadeira e conserve-os quentes em uma travessa. Remova os barbantes. Ferva o líquido do cozimento do frango até que esteja reduzido à metade. Coloque o molho por cima do frango e enfeite com raminhos de alecrim e gomos de laranja sem a pele.

**Rendimento**: 6 porções
**Calorias por porção**: 130 cal

## FRANGO PETIT-POIS

**Ingredientes**: 875 g de filés de peito de frango, 425 g de tomates liquidificados sem pele e sem sementes, 40 g de cebolas liquidificadas, 1 dente de alho, 5 g de orégano, 1 folha de louro, 1 ramo de manjerona, 1 ramo de sálvia, pimenta-do-reino branca, molho de pimenta vermelha, 10 ml de molho inglês, 20 g de extrato de tomate, 300 ml de caldo de frango, (ver receita pág. 45) 10 g de amido de milho, 60 g de ervilhas de frescas in natura, 60 g queijo de parmesão ralado faixa azul, 10 ml de conhaque.

**Preparo**: Tempere o peito de frango com sal e conhaque. Grelhe em óleo de oliva até dourar

(4 minutos de cada lado). Em uma panela, doure o alho e a cebola em óleo de oliva. Acrescente o tomate liquidificado e o extrato de tomate e cozinhe por mais ou menos 10 minutos. Adicione as ervas aromáticas e o caldo de frango. Deixe reduzir até ficar consistente. Desligue e no final acrescente ao molho ainda quente as ervilhas frescas. Sirva os filés de peito de frango cobertos com o molho petit-pois e salpique parmesão no final.

**Rendimento**: 6 porções

**Calorias por porção**: 243 cal

### FRANGO COM MAÇÃ AO CURRY

**Ingredientes**: 1 maçã fuji com casca, cortada em cubos, 10 ml de suco de limão, 250 ml de água, 1 cenoura ralada, 5 ml de óleo de oliva, 1 colher de chá de curry, 1 colher de chá de gengibre ralado, 1 quilo de peito de frango sem osso e sem pele, cortado em cubinhos. *Molho:* 1 maçã com casca liquidificada com 1 xícara de água, 1 colher chá curry, 1 colher sopa uva passa, 1 iogurte natural desnatado (200ml)

**Preparo**: Cortar as maçãs em cubos, deixá-las de molho em 250 ml de água, com o limão. Escorra a maçã e reserve. Refogue a cenoura no óleo de oliva, acrescente o curry, a água e o gengibre. Quando a cenoura estiver cozida, adicione a maçã e o frango. Envolva tudo em papel-alumínio e coloque em uma assadeira. Asse o frango até ficar macio. À parte, preparar o molho, misturando os ingredientes e levando ao fogo até engrossar. Sirva sobre o frango.

**Rendimento**: 10 porções

**Calorias por porção**: 131 cal

## FRANGO FESTIVO

**Ingredientes**: 275 g de sobrecoxas de frango sem pele e sem osso, 900 g de peito de frango sem pele e sem osso, 10 g de cebolas liquidificadas, 9 g de óleo, 1 dente de alho, 300 g de tomates sem peles e sem sementes, 10 g de salsa, pimenta-do-reino preta moída, sal puro, coentro, 500 ml de molho branco light básico (ver receita pág. 17), 100 g creme de leite light, 55 g de ervilha natural, 80 g de milho natural, 60 g de palmitos em conserva, 20 ml de vinho branco seco, 900 ml de caldo de frango.

**Preparo**: Cozinhe o frango em água, sal e pimenta preta por 20 minutos. Deixe esfriar e desfie em pedaços médios. Reserve. Doure a cebola e o alho no óleo de oliva aquecido. Acrescente o tomate liquidificado e o coentro. Deixe refogar por 20 minutos até reduzir o molho. Adicione o frango desfiado e a salsa picada. Faça meio litro de molho branco básico e adicione o creme de leite light. Reserve. Misture este molho ao refogado de frango e acrescente o vinho branco. Por fim acrescente a ervilha, o milho e o palmito picadinho. Misture bem e sirva.

**Rendimento**: 10 porções

**Calorias por porção**: 246 cal

### Frango surpresa

**Ingredientes**: 5 unidades de sobrecoxas de frango sem pele e sem ossos (600 g), 75 g de ricota, 10 g de azeitonas verdes, 40 g de presunto magro, 75 g de farinha de rosca, 1 ovo, 10 ml de limão, 10 g de óleo de milho para untar, 10 g de tempero verde, 1 dente de alho, pimenta-do-reino branca, 5 ml de conhaque, sal.

**Preparo**: Limpe as sobrecoxas de frango, retirando as gorduras. Tempere-as com conhaque e sal. Para o recheio, misture a ricota amassada, a azeitona, o presunto, o limão e o sal. Para empanar, passe no ovo batido e na farinha de rosca, retirando os excessos. Asse em fôrma untada por 20 minutos.

**Rendimento**: 5 porções

**Calorias por porção**: 290 cal

## ROLÊ DE FRANGO

**Ingredientes**: *Frango*: 480 g de peitos de frango desossados partidos, 1 dente de alho, sal a gosto, 10 g de cebola ralada, 1 folha de louro, 100 ml de cerveja light. *Recheio:* 100 g de blanquet de peru, 4 azeitonas verdes picadas, 10 g de queijo parmesão ralado, 100 ml de suco de laranja, 100 ml de água filtrada, 10 g de salsa picada.

**Preparo**: Tempere os filés de frango, com sal, alho, cebola ralada, louro e a cerveja light. Reserve por 15 minutos. Corte o blanquet de peru em cubinhos e misture com as azeitonas e o parmesão. Recheie os filés de frango e enrole um a um, prendendo com barbante para ficarem firmes. Coloque novamente no tempero. Aqueça uma frigideira antiaderente e coloque um pouco do molho usado no tempero para grelhar os rolinhos até que fiquem dourados. Por último, coloque suco de laranja, a água e o restante do molho de tempero, misturando bem. Tampe e deixe reduzir por 10 minutos. Cubra os rolês de frango com este molho e salpique salsa picada.

**Rendimento**: 4 porções

**Calorias por porção**: 204 cal

# CARNES DE GADO

## Escalopes de filé ao Porto

**Ingredientes:** 1.100 g de filé mignon, 10 ml de óleo de oliva extravirgem, 10 ml de conhaque, 60 g de champignons em conserva, 10 g de cebolas, 275 ml de caldo de carne, (ver receita pag. 17) 20 ml de vinho do Porto, 10 g de amido de milho, 5 ml de molho inglês, sal.

**Preparo:** Limpe o filé, corte em escalopes e tempere com sal e conhaque. Grelhe-os em uma frigideira antiaderente com óleo de oliva, até que fiquem dourados porém suculentos. Coloque o caldo de carne para ferver e acrescente o suco dos bifes. No final adicione o vinho do Porto, o molho inglês e encorpe com amido de milho. Corrija o sal. Em outra frigideira, flambe os champignons com a cebola e o óleo de oliva. Sirva o filé mignon coberto com o molho e decorado com os champignons.

**Rendimento:** 10 porções

**Calorias por porção:** 140 cal

# Escalopes de Vitela à Bavaria

**Ingredientes:** 2.750 g de pernil de vitela, 1 dente de alho, 10 g cebolas liquidificadas, 25 ml de vinho branco seco, 1 kg batata inglesa, 250 g farinha de trigo, 1 gema de ovo, 10 g de queijo parmesão ralado, 10 ml de óleo de oliva, 10 g de açafrão em pó, 10 g de champignons laminados, caldo de carne, 10 g de amido de milho, 10 ml óleo de oliva extravirgem, pimentas vermelhas, água filtrada, sal, manjerona.

**Preparo:** Tempere a vitela com sal, alho, manjerona e vinho branco. Deixe descansar no tempero por 2 horas. Asse com forno a 200ºC no início e após baixar para 180ºC por 2h e 30min. Deixe esfriar e lamine em escalopinhos, retirando as gorduras. Reserve. Para o molho, reduza o caldo de carne à terça parte e incorpore com o amido de milho. Para o acompanhamento, descasque e lave as batatas, cozinhe em água, sal e açafrão por 30 minutos. Amasse e deixar esfriar. Doure o alho em óleo de oliva e coloque nas batatas esmagadas. Adicione farinha até dar liga. Forme rolinhos com a massa e corte pedacinhos delicados, no sentido diagonal. Cozinhe-os como nhoque e escorra-os em água fria. Salpique queijo parmesão e sal, se necessário. Sirva os escalopes com molho acompanhados dos mini spatzel.

**Rendimento:** 10 porções

**Calorias por porção:** 220 cal

## Escalopes de filé mignon ao molho de estragão

**Ingredientes:** 480 g de filé mignon, 10 g de margarina light, 1 dente de alho amassado, sal a gosto, 100 ml de vinho tinto, 20 g de estragão fresco, 100 ml de caldo de carne (ver receita pag.45), 10 g de farinha de trigo, pimenta-do-reino preta, sal a gosto.

**Preparo:** Misture a margarina com a pimenta-do-reino, o alho e o sal até formar uma pasta. Passe nos escalopinhos e reserve por 10 minutos. Grelhe os escalopes 2 minutos de cada lado em uma frigideira antiaderente. Reserve. Na mesma frigideira, coloque o vinho, o estragão picado, o caldo de carne, misturando aos poucos com a farinha de trigo. Deixe ferver, mexendo bem até engrossar. Coloque novamente os filés na frigideira e deixe aquecer por um minuto. Sirva imediatamente.

**Rendimento:** 4 porções
**Calorias por porção:** 173 cal

## FILÉ CHOP SUEY

**Ingredientes:** 280 g de filé mignon, 50 g de cenouras, 60 g de brotos de bambu, 250 g de aipo, 30 g de cebolas, 1 molho brócolis, 400 ml caldo de carne (ver receita pág. 45), 36 g de farinha de trigo especial, 65 ml de molho shoyu, 5 g de alho liquidificado, 10 g de cebolas liquidificadas, 110 g de arroz branco, 35 g de presunto magro, 70 g de vagens, 70 g de cenouras, 20 ml de óleo de oliva extravirgem, 10 g de amido de milho, cebolinha verde, 1 gema, sal, pimenta-do-reino preta.

**Preparo:** Limpe o filé. Corte-o em tirinhas, tempere com sal e pimenta. Em uma frigideira antiaderente, acrescente óleo de oliva, aqueça e doure as iscas de filé. Reserve. Adicione ao caldo de carne aquecido e reduzido o shoyu já diluído no amido de milho. Coloque as iscas de filé dentro do molho. Reserve. Cozinhe o arroz com água e sal. Deixe esfriar. Cozinhe as cenouras e as vagens em água e sal. Escorra. Bata num processador de alimentos até ficar bem picadinho, separadamente, a vagem, a cenoura e o presunto. Reserve. Bata as gemas, coe e cozinhe em água e sal, depois de cozida coe novamente. Repique. Reserve. Misture ao arroz cozido, a cenoura, a vagem, o presunto, a gema e a cebolinha verde picada. Sirva uma porção do arroz com uma porção das iscas de filé com o molho.

**Rendimento:** 4 porções

**Calorias por porção:** 215 cal

### Filé mignon ao molho de ervas

**Ingredientes:** 100 g de filé mignon, sal a gosto, 5 ml de óleo oliva extravirgem, manjericão e hortelã a gosto, 20 ml de iogurte desnatado natural.

**Preparo:** Tempere os bifes com sal. Grelhe em óleo de oliva. Reserve. Misture ao iogurte natural o manjericão e a hortelã picados. Adicione sal a gosto. Coloque por cima dos filés e sirva.

**Rendimento:** 2 porções

**Calorias por porção:** 165 cal

## Filé mignon ao molho de pimenta

**Ingredientes:** 360 g de filé mignon, 10 ml de conhaque, 20 g de grãos de pimenta vermelha, 80 ml de creme de leite light, 10 ml de óleo de oliva extravirgem, sal.

**Preparo:** Soque os grãos de pimenta em um pilão. Limpe e tempere os filés com a pimenta e sal. Grelhe em uma frigideira antiaderente os filés com óleo de oliva. Retire-os da frigideira. Na mesma frigideira ainda quente, adicione o conhaque e reduza. No final, acrescente o creme de leite light e deixe reduzir. Sirva o molho sobre os filés grelhados e salpique a pimenta vermelha para decorar.

**Rendimento:** 4 porções

**Calorias por porção:** 255 cal

## Filé mignon ao pomodory sech

**Ingredientes:** 800 g de filé mignon, 50 g de mussarela de búfala, 36 g de tomates secos, 10 g de manjericão, 15 g de azeitonas verdes, 1 ovo, 100 g de farinha de rosca, 250 ml de molho branco básico (ver receita pág.17), sal, pimenta-do-reino preta.

**Preparo:** Limpe e corte os filés em escalopes. Tempere com sal e pimenta. Bata com o batedor de bife. Rale a mussarela de búfala, pique a azeitona, o manjericão e os tomates secos. Misture bem. Recheie os filés com esta mistura, enrole e prenda com palitos. Passe os rolinhos no ovo e na farinha de rosca. Asse em fôrma refratária untada por 20 minutos. Cubra com o molho branco básico.

**Rendimento:** 11 porções

**Calorias por porção:** 242 cal

## Iscas de Filé à Portuguesa

**Ingredientes:** 700 g de filé mignon, 33 ml de vinho branco seco, sal, pimenta-do-reino, 1 dente de alho, 1 folha louro, 1 ramo sálvia, ½ molho salsa, 1 ramo manjerona, 300 ml de água filtrada, 130 g de cebolas em rodelas, 130 g de tomates sem pele e sem semente à Juliana, 20 ml de vinho tinto, 5 g amido de milho, 230 ml de água, sal, 10 ml de óleo de oliva extravirgem.

**Preparo:** Limpe o filé. Tempere com vinho branco, sal, pimenta-do-reino, 1 dente alho, louro, sálvia, salsa, manjerona. Reserve por 1 hora. Em um panela de ferro, doure o filé com óleo de oliva, em fogo bem quente. Deve ficar uma crosta crocante ao redor dele. Reserve a panela. Coloque o filé em uma assadeira em fogo alto 210ºC por 10 minutos. Deixe esfriar e corte em iscas. Na mesma panela que dourou o filé, doure as cebolas, salteie rapidamente os tomates e adicione o vinho tinto diluído com o amido de milho e a água. Forme um molho com textura cremosa. Tempere com manjerona, louro, pimenta e sal.

**Rendimento:** 5 porções

**Calorias por porção:** 201 cal

## MEDALHÕES DE FILÉ MIGNON COM LEGUMES GRATINADOS

**Ingredientes:** 830 g de filé mignon, 50 g de cenouras em cubinhos, 60 g de tomates em cubinhos, 60 g de abobrinha italiana em cubinhos, 25 g de abobrinha de pescoço em cubinhos, 40 g de aipo em cubinhos, 40 g de favas de feijão, 40 g de ervilhas frescas, 25 g de brócolis, 25 ml de óleo de oliva extravirgem, 5 g de alho liquidificado, 1 cebola média, 400 ml de molho branco básico (ver receita pág.17), 20 g mostarda de Dijon, 20 g de queijo parmesão ralado, pimenta-do-reino branca, manjerona, conhaque para borrifar.

**Preparo:** Doure a cebola e o alho em óleo de oliva. Refogue as cenouras, os tomates, a abobrinha italiana, a abobrinha de pescoço, o aipo, o brócolis. Por último, acrescente as favas e as ervilhas naturais, delicadamente. Tempere com sal, pimenta e manjerona. Corte o filé em medalhões, borrifique com conhaque. Tempere com sal e grelhe com óleo de oliva em uma frigideira antiaderente, por 2 minutos de cada lado. Prepare o molho branco básico e acrescente a mostarda de Dijon. Em um prato refratário coloque os medalhões de filé mignon, cubra-os com o refogado de legumes e o molho de mostarda. Salpique queijo parmesão e gratine por 10 minutos.

**Rendimento:** 8 porções

**Calorias por porção:** 236 cal

# Rosbife de Filé ao Molho de Queijo

**Ingredientes:** 175 gr de filé mignon, 200 ml de molho branco básico (ver receita pág. 17), 200 g de requeijão cremoso light, 1 dente de alho, 20 ml de vinho branco, pimenta-do-reino preta, 1 pitada de orégano.

**Preparo:** Limpe o filé. Tempere com alho, sal, orégano, pimenta-do-reino e vinho branco. Deixe descansar por 2 horas. Doure rapidamente o filé em panela de ferro com óleo de oliva, até formar uma crosta crocante. Coloque o filé em uma assadeira antiaderente e cozinhe por 15 minutos. Deixe esfriar Lamine em escalopinhos. Adicione ao molho branco básico aquecido o requeijão cremoso light, até obter um creme homogêneo. Sirva os escalopinhos de filé cobertos com molho cremoso de queijo.

**Rendimento:** 4 porções

**Calorias por porção:** 192 cal

# Massas

## Canelone à Provençal

**Ingredientes:** *Recheio:* 100 g de peito de peru defumado, 40 g de queijo cottage, 10 g de cebolas picadas, 10 g de queijo parmesão ralado, sal, noz-moscada. *Canelone:* 100 g de massa fresca para lasanha, cozida e cortada em 4 quadrados. *Molho:* 10 g de cebolas raladas, 1 dente de alho amassado, 50 ml de caldo de frango (ver receita pag. 45) 200 g de tomates sem pele liquidificado, 5 g de orégano, sal, 1 pitada de açúcar, 10 g de parmesão ralado.

**Preparo:** No processador de alimentos, passe o peito do peru, o cottage, as cebolas, o parmesão, o sal e a noz-moscada até obter uma pasta. Recheie a massa com uma colher de sopa cheia da pasta e enrole como um canelone, coloque em recipientes individuais. Em uma panela, refogue a cebola e o alho em 25 ml do caldo de frango. Junte o tomate, o orégano, o sal, o açúcar e o restante do caldo. Deixe ferver até obter um molho espesso. Regue os canelones e salpique parmesão. Leve ao forno para gratinar.

**Rendimento:** 2 porções
**Calorias por porção:** 298 cal

# Canelone ao Reno

**Ingredientes:** 525 g de Käseschimier, 25 g de queijo parmesão ralado, sal, pimenta-do-reino preta, 5 g de cúrcuma, 60 ml de vinho branco, 600 ml de molho branco básico (ver receita pág. 17), 500 g de massa lasanha italiana, 30 g de amido de milho, salsa a gosto.

**Preparo:** Misture a metade do molho branco básico, o Käseschimier, o vinho branco, a cúrcuma, a pimenta, o sal e o queijo ralado. Leve ao fogo, e após começar a ferver adicione o amido de milho dissolvido em água. Deixe esfriar. Reserve. Cozinhe a massa de lasanha em água e sal. Escorra e recheie com a mistura acima. Disponha em um prato refratário os canelones recheados, cubra com o restante do molho e salpique queijo parmesão e salsa. Gratine.

**Rendimento:** 15 porções

**Calorias por porção:** 154

## Fettuccine à bolonhese

**Ingredientes:** 470 g de fettuccine italiano, 500 g de filé mignon picadinho à mão, óleo de oliva extravirgem, 150 g de cebolas liquidificadas, 150 g de cenouras em cubinhos, 500 ml de caldo de carne (ver receita pág. 45), 10 g de salsa, 1 dente de alho, 380 ml de vinho tinto, 850 g de tomate sem pele e sem sementes, gotas de pimenta vermelha, 20 g de queijo parmesão ralado, 150 g de extrato de tomates, 500 ml de água filtrada, 28 g de lingüiça calabresa sem gordura.

**Preparo:** Doure as cebolas e o alho em óleo de oliva extravirgem. Adicione as cenouras em cubinhos. Refogue bem, acrescente a salsa picada. Junte a este refogado o filé picadinho. Deixe dourar bem. Liquidifique os tomates, o caldo de carne, o sal e misture ao filé refogado, deixando cozinhar bem. Adicione o vinho tinto e cozinhe até o molho reduzir e ficar encorpado. À parte, retire a gordura da lingüiça, corte-a em cubinhos e refogue em frigideira antiaderente. Após, adicione-a ao molho. Sirva uma porção de massa coberta por uma porção de carne com o molho e salpique queijo parmesão ralado por cima.

**Rendimento:** 11 porções
**Calorias por porção:** 278 cal

## Fettuccine à Giovani

**Ingredientes:** 625 g de fettuccine italiano, 200 g de fundo de alcachofra em conserva, 1 kg de tomates sem pele e sem sementes, 80 g de cebolas liquidificadas, 1 dente de alho, 5 g de orégano, 1 folha de louro, 1 ramo de manjerona, 1 ramo de sálvia, molho de pimenta vermelha, 6 g de molho inglês, 50 g de extrato tomates, 70 g de molho de tomates, 20 ml de óleo de oliva extravirgem, 500 ml de água filtrada, 14 g de amido de milho, 20 g de azeitonas pretas laminadas, 20 g de azeitonas verdes laminadas, 5 ml de suco de limão.

**Preparo:** Cozinhe a massa em água fervente até ficar al dente. Escorra e lave em água corrente rapidamente. Reserve. Corte os fundos das alcachofras em tirinhas. Borrife suco de limão. Lave, escorra. Refogue com um pouco do óleo de oliva e parte das cebolas liquidificadas. Reserve. Em uma panela, aqueça o óleo de oliva, alho e o resto das cebolas, acrescente o tomate liquidificado, o extrato de tomates e o molho de tomates. Deixe ferver e reduza por 30 minutos. Acrescente água aos poucos, conforme necessidade. No final, aplique as ervas aromáticas e os fundos de alcachofra refogadas. Se necessário, encorpe o molho com o amido de milho. Por último, acrescente as azeitonas verdes e pretas. Sirva uma porção da massa e cubra com uma porção do molho de acachofras.

**Rendimento:** 10 porções

**Calorias por porção:** 190 cal

## Lasanha Netuno

**Ingredientes:** 300 g de congro, 300 g de mexilhões, 300 g de calamaris, 300 g de filé de salmão, 300 g de cenouras, 50 g de aipo, 20 g de farinha de trigo especial, 30 g de requeijão cremoso light, 20 ml óleo de oliva extravirgem, 225 g de massa lasanha fresca, fines herbes, 1 dente de alho, 80 g de cebolas liquidificadas, pimenta-do-reino branca.

**Preparo:** Limpe os frutos do mar e os legumes e corte em cubinhos miudinhos. Tempere os frutos do mar com limão e sal. Em um panela, coloque o óleo de oliva as cebolas liquidificadas e o alho e deixe dourar. Acrescente os frutos do mar, as cenouras e o aipo e refogue por 5 minutos. Coloque sal e pimenta a gosto. Adicione a esta mistura 200 ml de água filtrada com a farinha diluída e o requeijão cremoso. Deixe engrossar a mistura. Resfrie e reserve. Corte a massa de lasanha em 4 partes iguais. Disponha em um prato refratário uma camada de massa e uma de recheio de frutos do mar, alternando até terminar os ingredientes. A última camada deve ser de frutos do mar, salpicada com fines herbes.

**Rendimento:** 8 porções

**Calorias por porção:** 248 cal

## PANQUECA DE CAMARÃO

**Ingredientes:** *Massa:* 360 ml de água, 1 ovo, 20 ml de cerveja light, 200 g de farinha de trigo especial. *Recheio:* 700 g de camarões perolados, 10 ml de suco de limão, 5 ml de molho inglês, 10 g de cebolas liquidificadas, 160 g de tomates liquidificados, 1 dente de alho, 80 g de molho de tomates, 800 g de champignons laminados, 5 ml de conhaque, 180 ml de molho branco básico (ver receita pág. 17), 10 g de queijo parmesão ralado, 300 g de tomates liquidificados, 50 g de cebolas liquidificadas, 30 g de extrato tomates, orégano, sálvia, manjerona, louro, 10 g de amido de milho.

**Preparo:** Limpe o camarão. Tempere com suco de limão, sal, alho e molho inglês. Reserve. Doure o louro, as cebolas e o alho no óleo de oliva. Coloque os tomates liquidificados e cozinhe por 15 minutos. Adicione o extrato de tomates e por último os camarões. Refogue por mais 5 minutos. Tempere com sal, orégano, salvia, manjerona e pimenta-do-reino. Flambe os champignons no óleo de oliva e conhaque. Adicione-os ao molho refogado de camarão. Reserve. Liquidifique a água, a farinha de trigo, o ovo, o sal e a cerveja light. Deixe descansar por 3 minutos. Em um frigideira antiaderente de tamanho pequeno, borrifique com óleo de oliva e faça as panquecas bem fininhas. Reserve. Faça o molho branco básico. Recheie as panquecas com o molho de camarão, coloque-as em um prato refratário e cubra-as com molho branco básico e queijo parmesão ralado. Leve ao forno para gratinar.

**Rendimento:** 10 porções

**Calorias por porção:** 196 cal

## Spaghetti alla carbonara

**Ingredientes:** 560 g de spaghetti furadinho italiano, 6 ovos inteiros, 110 ml de creme de leite light, 10 ml de óleo de oliva extravirgem, 25 g de queijo parmesão ralado, 25 g de bacon desidratado sem colesterol.

**Preparo:** Cozinhe a massa al dente em água, sal e óleo de oliva, escorra e reserve. Com um batedor, misture bem os ovos inteiros e o creme de leite light. Em uma panela, coloque a massa reservada e adicione a mistura dos ovos com o creme de leite e misture até cozinhar os ovos. Prove o sal. Por último acrescente, já com a panela fora do fogo, os flocos de bacon desidratado sem colesterol.

**Rendimento:** 10 porções

**Calorias por porção:** 115 cal


## Talharim com frutos do mar

**Ingredientes:** 450 g de talharim verde italiano, 375 g de camarões perolados, 325 g de lulas em anéis, 10 ml de suco de limão, 10 ml de vinho branco seco, 10 ml de conhaque, salsa verde picadinha, 10 g de cebolas liquidificadas, 500 ml de molho branco básico (ver receita pág.17).

**Preparo:** Cozinhe al dente, o talharim em água e sal. Escorra bem. Lave em água corrente. Adicione sal, reserve. Limpe, tempere com sal, limão e tempero verde as lulas e o camarão. Refogue em óleo de oliva e cebolas por 5 minutos no final, flambe com conhaque. Prepare o molho branco básico e adicione o vinho branco. Aqueça bem. Sirva o talharim verde com os frutos do mar flambados e cubra com o molho branco básico.

**Rendimento:** 10 porções

**Calorias por porção:** 187 cal

# Sanduíches

## Sanduíche aberto de camarão

**Ingredientes:** 20 g de aipo picado miudinho, 10 g de salsa picada, 20 g de maionese light, 50 g de tomates em fatias finas, 10 g de alface cortadas à Juliana, 30 g de pão de fôrma diet, 60 g de camarões perolados, 20 g de cenouras raladas, 5 ml de limão, orégano, 1 dente de alho, 5 ml de óleo de oliva extravirgem.

**Preparo:** Numa pequena tigela, misture o aipo, a salsa e a maionese light. Tempere os tomates e as cenouras com sal, orégano e limão. Reserve. Tempere os camarões com sal, limão e alho. Grelhe-os rapidamente em frigideira antiaderente com óleo de oliva. Salpique salsinha. Reserve. Sobre a fatia de pão colocar os tomates, as cenouras, alface e cobrir com maionese light. Decore com os camarões.

**Rendimento:** 1 porção

**Calorias por porção:** 219 cal

## Sanduíche de atum

**Ingredientes:** 160 g de pão preto integral light, 60 g de pepinos em conserva, 25 g de azeitonas verdes, 170 g de atum em lata (água), 5 ml de óleo de oliva extravirgem, 5 g de mostarda de Dijon, 17 g de claras de ovo cozidos, sal, salsa picada, pimenta-do-reino preta, 1 dente de alho, 100 g de maionese light.

**Preparo:** Passe num processador de alimentos os pepinos e as azeitonas, misture o atum. Cozinhe a clara de ovo, amasse. Adicione na maionese light o atum misturado com azeitonas e pepinos, as claras amassadas, a salsinha picada, o dente de alho, a pimenta-do-reino preta e a mostarda. Misture bem. Recheie duas fatias de pão com esta pasta.

**Rendimento:** 5 porções

**Calorias por porção:** 225 cal

## Sanduíche de camarão e aipo

**Ingredientes:** 160 g de pão de sanduíche branco light, 200 g de camarões perolados, 30 g de cebolas liquidificadas, 10 ml de vinho branco seco, 50 g de aipo em cubinhos, 80 g de requeijão cremoso light, 80 g de maionese light, 20 g de ketchup, 5 ml de óleo de oliva extravirgem, sal.

**Preparo:** Limpe os camarões. Refogue-os em óleo de oliva, cebola e alho. Temperar com sal. Adicione o vinho branco deixe reduzir. Triture o camarão refogado e o aipo num processador de alimentos. Misture o requeijão light, a maionese light e o ketchup. Adicione os camarões triturados com o aipo. Forme uma pasta. Retire as cascas do pão, recheie duas fatias com a pasta de camarão e aipo.

**Rendimento:** 5 porções

**Calorias por porção:** 194 cal

## SANDUÍCHE LIGHT

**Ingredientes:** 160 g de pão de sanduíche branco diet, 100 g de cenoura ralada, 150 g de tomates laminados em rodelas, 100 g de abacaxi diet picado, 100 g de peito de frango defumado em cubinhos, sal, pimenta-do-reino branca, manjerona fresca, 50 g cream-cheese light, 50 g de maionese light, 5 ml de suco de limão, orégano.

**Preparo:** Misture o cream-cheese light com a maionese. Acrescente o limão. Misture bem. Adicione a cebola ralada, o abacaxi picado e os cubinhos de frango defumado. Tempere com sal, pimenta-do-reino e manjerona fresca. Retire a casca do pão. Recheie duas fatias de pão com esta pasta e rodelas de tomates temperados com orégano.

**Rendimento:** 5 porções

**Calorias por porção:** 190 cal

## SANDUÍCHE NATURAL

**Ingredientes:** 10 g de mostarda de Dijon, 160 g de pão de sanduíche integral com sementes de linho, 50 g de maionese light, 50 g de käseschimier, orégano, sal, 100 g de peito de peru defumado fatiado, 100 g de mussarela de búfala, 240 g de tomates, 600 g de alface americana, 5 ml de vinagre balsâmico.

**Preparo:** Misture a maionese light, a käseschimier e a mostarda de Dijon. Reserve. Corte os tomates em rodelas e a alface em tirinhas. Tempere com sal, orégano e vinagre balsâmico. Monte o sanduíche com uma camada de pão, uma de maionese e käseschimier, uma de tomate com alface temperados, uma de mussarela de búfala e peito de peru.

Por último, outra fatia de pão com a pasta. Retire a casca do pão.

**Rendimento:** 5 porções

**Calorias por porção:** 179

## SNACK DE CHESTER COM ASPARGOS

**Ingredientes:** 160 g de pão preto integral light, 100 g de maionese light, 345 g de aspargos em conserva, 150 g de chester defumado, folhas de agrião.

**Preparo:** Escorra os aspargos. Reserve parte água do aspargo. Pique miudinho. Misture a maionese light, a água reservada do aspargo e os aspargos picados. Num processador de alimentos triture o chester defumado. Aplique-o à maionese com aspargo. Retire a casca do pão. Recheie duas fatias de pão com esta pasta. Se desejar, adicione folhas de agrião.

**Rendimento:** 5 porções

**Calorias por porção:** 175 cal

## SNACK DE SALMÃO

**Ingredientes:** 192 g de pão de sanduíche branco diet, 325 g de requeijão cremoso light, 50 g de pimentões vermelhos, 50 g de pimentões amarelos, cebolinha verde, 10 ml de água filtrada, 300 g de abobrinha italiana, 180 g de salmão defumado, 1 dente de alho, 5 ml de óleo de oliva extravirgem, sal.

**Preparo:** Rale a abobrinha italiana e refogue-a no alho e óleo de oliva. Tempere com sal. Coloque num escorredor para largar o líquido. Reserve. Pique a cebolinha verde e misture ao requeijão cremoso light, formando uma pasta. Passe a pasta nas duas fatias de pão, recheie com a abobrinha refogada e o salmão defumado. No final retire a casca do pão. Os pimentões são cortados bem miudinhos para enfeitar o sanduíche.

**Rendimento:** 6 porções

**Calorias por porção:** 180 cal

# Pães e Bolos

## CANAPÉS DE QUEIJO E ESPINAFRE

**Ingredientes:** 50 g de cream cheese-light, 50 g de queijo de cabra, 100 g de espinafre, 2 gotas de molho inglês, sal, pimenta, noz-moscada, 1 dente de alho, 6 fatias de pão torrado cortado em 4, 6 tomates cereja, 10 g de óleo de oliva extravirgem.

**Preparo:** Lave bem as folhas do espinafre, escorra e refogue com óleo de oliva, alho e noz-moscada. Repique. Misture num processador o cream-cheese, o queijo de cabra, o espinafre e o molho inglês. Espalhe a mistura na torrada. Corte em formato de canapés. Decore com tomates cereja. Sirva.

**Rendimento:** 24 porções

**Calorias por porção:** 25 cal

## BOLO DE CHOCOLATE

**Ingredientes:** 6 ovos, 500 g de margarina light, 75 ml de água filtrada, morna, 40 g de chocolate em pó diet, 80 g de frutose, 200 g de farinha de trigo especial, 10 g de fermento em pó, 200 g de geléia diet de morango, 200 g de chocolate em barra diet, 150 ml de leite desnatado, 20 g de margarina, 40 g de frutose

**Preparo:** Bata no liquidificador os ovos, a água morna, o chocolate em pó, a frutose e a margarina. Peneire a farinha de trigo e o fermento e misture aos ingredientes liquidificados. Unte uma fôrma redonda e asse em forno (180ºC) por 30 minutos. Derreta em banho-maria o chocolate em barra ralado, acrescente o leite desnatado aquecido, a margarina light e a frutose. Misture bem (glacê). Recheie o bolo depois de frio com a geléia de morango e cubra com o glacê.

**Rendimento:** 12 porções

**Calorias por porção:** 166 cal

## BOLO DE FRUTAS

**Ingredientes:** 200 g de tâmaras cortadas em pedaços, 100 g de nozes picadas, 120 g de uvas passas brancas, 5 g de gengibre em pó, 80 g de uvas passas pretas, 20 g raspas de laranja, 10 g raspas de limão, 120 g farinha de trigo especial, 20 g de fermento em pó, 5 g de noz-moscada, 5 g de cravo em pó, 100 g de margarina light, 100 g de frutose, 2 ovos, 50 ml de vinho branco suave.

**Preparo:** Numa tigela, misture as tâmaras, as nozes, as passas pretas e brancas, o gengibre, as raspas de laranja e limão e o vinho. Deixe de molho, em temperatura ambiente, por 2 horas. Em outra tigela, peneire a farinha com o fermento, a noz-moscada e o cravo. Reserve. Numa batedeira, bata a margarina light com a frutose até ficar um creme leve e fofo. Adicione os ovos um a um, batendo bem. Junte os ingredientes secos e os que ficaram embebidos no vinho. Preaqueça o forno a 180ºC. Unte uma fôrma grande de fundo removível, forre o fundo com papel-manteiga também untado. Polvilhe farinha. Retire o excesso. Coloque a massa para assar por 40 minutos. Deixe resfriar. Desenforme.

**Rendimento:** 20 porções

**Calorias por porção:** 151 cal

## BOLO GELADO

**Ingredientes:** 1 litro de leite desnatado, 1 lata de leite condensado light, 30 g de amido de milho, 2 gemas, 100 g de farinha de trigo especial, 100 g de fermento em pó, raspas de limão, 100 g de frutose, 100 g de amido de milho, 3 ovos.

**Preparo:** Bata as claras em neve. Reserve. Faça uma gemada com as gemas e a frutose. Misture delicadamente e alternando os ingredientes e as claras em neve, a gemada, a farinha de milho peneirada e água. Coloque em uma fôrma untada e asse no forno 180ºC por 30 minutos. Reserve. Em uma panela média adicione o leite desnatado, o leite condensado light, as raspas de limão e o amido de milho dissolvido. Mexa sempre até ficar consistente. Deixe esfriar. Em um prato refratário coloque uma camada de pão-de-ló, outra de creme e assim sucessivamente. Coloque na geladeira por 3 horas. Sirva fatiado.

**Rendimento:** 20 porções

**Calorias por porção:** 163 cal

## BOLO INGLÊS MÁRMORE

**Ingredientes:** 50 g de margarina light, 20 g de frutose, 2 envelopes de adoçante sem aspartame, 2 ovos, essência de baunilha a gosto, 1 pitada de sal, 150 g de farinha de trigo, 50 ml de leite desnatado, 20 g de chocolate diet em barra ralado, 20 g de fermento em pó.

**Preparo:** Bata a margarina com as gemas, a

baunilha, a frutose e o adoçante em pó, até obter um creme branco. Adicione aos poucos a farinha, o leite, o sal e o fermento. Bata bem. Bata as claras em neve e misture levemente à massa. Unte uma fôrma com margarina e farinha. Coloque metade da massa na fôrma e à outra metade adicione o chocolate diet ralado. Após, coloque esta mistura por cima da massa clara. Leve ao forno preaquecido (180ºC) para assar.

**Rendimento:** 12 porções

**Calorias por porção:** 98 cal

## MUFFINS DE MAÇÃ

**Ingredientes:** 3 maçãs vermelhas sem casca, picadas, 10 ml suco limão, 15 g de fermento em pó, 1 colher chá de bicarbonato, 1 pitada de sal, 1 colher de chá de canela em pó, 150 g de farinha trigo especial, ¼ colher chá de noz-moscada em pó, 200 ml de iogurte desnatado, 30 g de mel, 1 ovo batido, 40 g de margarina light, raspas de 1 laranja (só a parte amarela).

**Preparo:** Misture a maçã com o suco de limão. Em outro recipiente, peneire a farinha, o fermento, o sal, a canela, a noz-moscada e o bicarbonato. Numa tigela pequena, misture o iogurte, o mel, a margarina derretida a as raspas da laranja. Despeje devagar esse creme sobre as farinhas e misture até ficar uniforme. Acrescente as maçãs. Coloque em forminhas untadas e asse em forno quente a 180ºC, por cerca de 20 minutos.

**Rendimento:** 16 porções

**Calorias por porção:** 130 cal

## MUFFIN DE NOZES

**Ingredientes:** 100 g de farinha de trigo, 10 g de fermento em pó, 40 g de frutose, 1 ovo, 30 ml de leite desnatado, 30 g de margarina light, 30 g de nozes moídas.

**Preparo:** Numa tigela, peneire a farinha de trigo, o fermento e a frutose. Derreta a margarina e reserve. Bata os ovos com o leite desnatado. Misture a margarina e o leite batido com a farinha utilizando um lambe-lambe para mexer. Acrescente as nozes moídas. Coloque em forminhas individuais. Asse em forno preaquecido por 15 minutos.

**Rendimento:** 6 porções

**Calorias por porção:** 112 cal

# Tortas

# Torta de limão

**Ingredientes:** 250 g de ricota amassada e peneirada, 1 ovo, 10 g de farinha de trigo especial, 5 g de canela em pó, 5 g de fermento em pó, 1 pitada de sal, 20 g de frutose, 100 ml de leite desnatado, raspas de limão, 60 g de frutose, 10 g de amido de milho, 2 gemas, essência de baunilha a gosto, 2 claras em neve, 40 g de frutose, 10 ml de suco de limão

**Preparo:** Misture uniformemente a ricota peneirada, o ovo, a farinha de trigo, a canela, o fermento, o sal e a frutose. Unte uma fôrma com aro removível e espalhe a massa com a ponta dos dedos. Fure com um garfo e asse por 35 minutos. Deixe esfriar. Reserve. Leve ao fogo em uma panela para ferver o leite desnatado, a frutose, o amido de milho dissolvido em água, a essência de baunilha e as gemas coadas, até obter um creme espesso. Coloque este creme sobre a massa da torta assada. Salpique raspas de limão. Bata as claras em neve e adicione aos poucos a frutose diluída no suco de limão. Bata até formar um suspiro. Coloque o merengue sobre o creme e leve ao forno para dourar.

**Rendimento:** 10 porções
**Calorias por porção:** 118 cal

## TORTA DE RICOTA

**Ingredientes:** 4 ovos, 40 g de aveia em flocos, 40 g de farelo de trigo, 20 g de castanha-do-pará moída, 20 g de fermento em pó, margarina e farinha de trigo para polvilhar, 150 g de ameixas pretas sem caroço, 150 ml de água, 40 g de frutose, 100 g de ricota fresca, essência de baunilha a gosto, 50 ml de leite, 30 g de frutose.

**Preparo:** Bata as claras em neve e em seguida adicione as gemas coadas. Acrescente a aveia em flocos, o farelo de trigo, a castanha-do-pará e o fermento em pó. Unte uma fôrma para torta, polvilhe farinha de trigo e asse em forno preaquecido por 20 minutos. Em uma panela pequena, adicione as ameixas, a frutose e a água e deixe ferver até desmanchar e virar um creme. Bata no liquidificador a ricota, o leite desnatado, a frutose e a essência de baunilha até formar um pasta lisa. Retire a massa da torta do forno. Deixe esfriar, coloque o recheio de creme de ameixas. Cubra com o creme de ricota.

**Rendimento:** 10 porções
**Calorias por porção:** 140 cal

### TORTA DE RICOTA E TOMATE

**Ingredientes:** *Massa:* 250 g de ricota, sal a gosto, 2 claras, 10 g farinha de trigo, 1 pitada de sal. *Molho:* 360 g de tomates cortados em gomos, 50 g de cogumelos fatiados, 10 g de queijo parmesão ralado, folhas de manjericão, 5 ml de óleo de oliva extravirgem.

**Preparo:** Misture todos os ingredientes de massa e forre o fundo e os lados de uma fôrma refratária untada. Leve ao forno quente (200ºC) preaquecido, por cerca de 10 minutos. Distribua os tomates e os cogumelos sobre a massa e polvilhe com o parmesão. Enfeite com manjericão e regue com óleo de oliva. Leve de volta ao forno por mais 10 minutos.

**Rendimento:** 6 porções
**Calorias por porção:** 114 cal

# SOBREMESAS

## Bavaroise de framboesas

**Ingredientes:** 3 gemas, 30 g de frutose, 20 ml de leite desnatado em pó, 100 ml de leite desnatado, 12 g de gelatina em pó vermelha sem sabor, 20 ml creme de leite light, 100 g de framboesas frescas picadas. *Calda:* Suco de 1 laranja, 100 g de framboesas frescas, 20 g de frutose.

**Preparo:** Em uma tigela refratária, bata as gemas com a frutose e o leite em pó. Leve ao fogo em banho-maria e acrescente o leite. Cozinhe mexendo sempre até engrossar. Retire do fogo, coloque a gelatina dissolvida e deixe esfriar. Junte o creme de leite e as framboesas. Coloque em taças (4) e leve à geladeira. Em uma panela, misture o suco de laranja, a framboesa e a frutose. Ferva por 10 minutos. Espere esfriar e despeje sobre a bavaroise gelada.

**Rendimento:** 4 porções

**Calorias por porção:** 155 cal

## Cheese cake de chocolate

**Ingredientes:** *Massa:* 10 torradas de fibra

moída, 10 g de cacau em pó, 1 colher café de canela em pó, 4 envelopes de adoçante sem aspartame, 50 ml de suco de maçã. *Recheio:* 1 pote de cream-cheese light, 1 gema, 200 g de ricota fresca, 4 envelopes de adoçante sem aspartame, 1 colher sopa de essência de baunilha, 20 g de cacau em pó, 100 ml creme de leite light, 160 g de chocolate em barra diet derretido. *Cobertura:* 100 g de cobertura de chocolate, 6 morangos para decorar, 20 g de chocolate diet em barra derretido.

**Preparo:** Em uma vasilha misture os ingredientes secos. Aos poucos junte o suco de maçã até fazer uma farofa úmida, coloque no fundo (não forre as laterais) de uma fôrma redonda de aro removível (16 cm de diâmetro) pressionando com as pontas dos dedos. Leve ao forno por 5 minutos. Retire e deixe esfriar. Para fazer o recheio, coloque em uma batedeira o cream-cheese, a gema, a ricota, o adoçante, a baunilha, o cacau em pó e o creme de leite light. Bata até obter um creme homogêneo. Retire da batedeira e junte o chocolate derretido, misturando bem. Coloque sobre a massa fria. Leve ao forno por 25 minutos. Retire do forno, deixe esfriar e leve à geladeira por 2 horas. Desenforme e regue com a cobertura de chocolate. Decore com os morangos passados no chocolate derretido.

**Rendimento:** 12 porções

**Calorias por porção:** 169 cal

### CREME DE DAMASCOS COM BAUNILHA

**Ingredientes:** 100 g de damascos secos, 1 fava de baunilha, 100 ml de água filtrada, 15 g de adoçante em pó, 100 g de morangos.

**Preparo:** Em uma panela, coloque os damascos, a água filtrada, a fava de baunilha cortada no sentido do comprimento. Deixe ferver por 10 minutos, mexendo de vez em quando, até virar um creme. No final do cozimento, adicione o adoçante. Retire a fava da baunilha, raspando em seu interior os pequenos grãos. Deixe esfriar. Lave os morangos e corte-os em 2. Reserve. Sirva o creme de damasco e ao redor, decorando com morangos e folhas de hortelã.

**Rendimento:** 4 porções

**Calorias por porção:** 56 cal

## Cookie de chocolate

**Ingredientes:** 60 g de frutose, 30 g margarina light, 60 ml de leite desnatado, 5 ml de essência de baunilha, 1 ovo, 60 g de farinha de trigo especial, 10 g de fermento em pó, 40 g de chocolate em barra diet ralado, 10 g de amêndoas moídas e torradas, 30 g de amido de milho, 1 pitada de sal, 1 pitada de bicarbonato de sódio.

**Preparo:** Na batedeira, bata a frutose, a margarina, o leite e a baunilha. Adicione o ovo e bata até obter uma massa fofa. Retire da batedeira e coloque a farinha peneirada, o fermento, o chocolate, as amêndoas, o amido de milho, o sal e o bicarbonato. Misture bem. Com a ajuda de duas colheres de sopa, faça os cookies arredondados e coloque em uma assadeira com laterais baixas, untada, deixando 2 cm de distância entre eles. Asse em forno preaquecido médio/alto por 2 minutos. Retire e coloque sobre uma grelha para secar.

**Rendimento:** 20 porções

**Calorias por porção:** 54 cal

## Mousse de frutas vermelhas

**Ingredientes:** 450 g de frutas vermelhas congeladas (amora, framboesa, blueberry e groselha), 30 g de frutose, 12 g de gelatina em folha sem sabor, 200 ml creme de leite light, 4 claras em neve, amoras para decorar, ramos de hortelã.

**Preparo:** No liquidificador, bata as frutas e passe na peneira. Coloque em uma panela e misture a frutose. Aqueça em banho-maria sem deixar ferver. Retire do fogo, adicione a gelatina preparada conforme instruções da embalagem. Junte o creme de leite light, mexendo delicadamente. Reserve e deixe esfriar. Adicione as claras em neve e mexa com movimentos circulares, para que a mistura fique homogênea. Coloque em taças pequenas (4) e leve à geladeira por 2 horas. Sirva decorada com amoras frescas e raminho de hortelã.

**Rendimento:** 4 porções

**Calorias por porção:** 162 cal

## Panquecas com calda de chocolate

**Ingredientes:** *Massa da panqueca:* 150 ml de leite desnatado, 30 g de farinha de trigo especial, 10 g de frutose, 1 gema, margarina para untar. *Recheio:* 90 g de geléia diet sabor morango. *Cobertura:* 40 g de chocolate em barra diet derretido, 30 ml de creme de leite light.

**Preparo:** Bata os ingredientes da massa no liquidificador, deixe descansar por 15 minutos. Faça as panquecas finas em uma frigideira antiaderente untada com margarina light. Reserve. Recheie as panquecas com a geléia diet de morangos. Em uma tigela refratária, derreta no micro ondas o chocolate ralado. Acrescente o creme de leite light, misture bem até ficar homogêneo. Cubra as panquecas com esta cobertura.

**Rendimento:** 3 porções
**Calorias por porção:** 186 cal

## Pudim de frutas silvestres

**Ingredientes:** 250 g de morangos, 125 g de framboesas, 125 g de groselhas pretas, 125 g de acerolas, 125 g de cerejas, 125 g de uvas rosadas, 10 g de mel, 15 g de gelatina em pó vermelha, margarina light para untar, 8 fatias de pão integral, sem as cascas.

**Preparo:** Coloque todas as frutas numa panela grande juntamente com o mel e cozinhe em fogo baixo por 3 minutos, apenas para amaciar as frutas e facilitar a liberação dos sucos. Salpique a gelatina por cima e mexa cuidadosamente, tentando não amassar as frutas. Forre uma assadeira de pudim untada de ½ litro de capacidade, com três quartos das fatias de pão, cobrindo totalmente os lados e fundos da fôrma. Coloque uma camada extra de pão no fundo. Espalhe todas as frutas, reservando 2 colheres de sopa do suco no caso do pão não ficar completamente colorido pelas frutas. Quando o pudim for virado, cubra as frutas com o restante do pão. Coloque num prato ou numa tampa que se encaixe na fôrma e coloque um peso de 1 quilo em cima. Leve ao refrigerador por 12 horas. Para servir, vire o pudim e corte em fatias.

**Rendimento:** 4 porções

**Calorias por porção:** 150 cal

## Sorvete de Pêssego

**Ingredientes:** 375 g de pêssegos frescos maduros, 150 ml de vinho branco seco, 150 ml de suco fresco laranja, 2 claras.

**Preparo:** Corte os talos de cada pêssego, coloque os pêssegos numa tigela com água fervente por 45 segundos e depois retire a pele. Corte a fruta ao meio, remova os caroços e pique a polpa. Coloque a polpa dos pêssegos numa panela juntamente com o vinho branco e o suco de laranja. Cozinhe em fogo baixo por 5 minutos. Bata a polpa e o líquido num liquidificador até obter um purê liso. Deixe esfriar. Depois de frio, coloque num recipiente e leve ao freezer até que esteja endurecido nas bordas. Retire do freezer, coloque numa tigela e quebre os cristais de gelo. Bata as claras em neve quase firme, misture com a polpa semi congelada, retorne ao freezer até que esteja firme. Sirva com calda de chocolate.

**Rendimento:** 4 porções

**Calorias por porção:** 110 cal

## Suflê de chocolate

**Ingredientes:** 75 ml de suco fresco de laranja, 75 g de frutose, 4 claras, 25 g de chocolate em pó sem açúcar, 20 ml de licor de laranja, 125 g de sorvete diet de creme, amolecido, óleo de milho para untar.

**Preparo:** Unte 6 xícaras de chá refratária. Numa panela pequena, aqueça o suco de laranja e a frutose por 3 a 4 minutos sobre fogo médio/alto, mexendo levemente, até que a mistura esteja na consistência de xarope. Remova do fogo. Numa tigela grande, bata as claras em neve firme. Coloque o xarope sobre as claras e bata por 2 minutos. Junte o chocolate em pó e o licor e bata somente até que esteja bem misturado. Coloque a mistura nas xícaras já untadas. Asse no fogo preaquecido a 150ºC, por 2 minutos, ou até que o suflê esteja fofo. Tome cuidado para não assar demais, pois o suflê poderá ficar rígido. Para servir, coloque 2 colheres de sopa do sorvete de creme amolecido no centro de cada suflê. Sirva imediatamente.

**Rendimento:** 6 porções
**Calorias por porção:** 116 cal

# Tabela de Calorias

| Hortaliças | Medidas | Calorias |
|---|---|---|
| Abóbora refog. | 1 col. sopa | 29 cal |
| Abobrinha | 1 unidade | 20 cal |
| Acelga | 1 prato raso | 19 cal |
| Agrião | 1 prato raso | 22 cal |
| Alcachofra | 1 unidade | 17 cal |
| Alface | 1 prato raso | 15 cal |
| Aspargo (natural ou conserva) | 1 pires (chá) | 18 cal |
| Berinjela cozida (natural) | 1 col. sopa | 13 cal |
| Brócolis cozido | 1 col. sopa | 8 cal |
| Cebola | 1 unidade | 32 cal |
| Cenoura | 1 unidade | 54 cal |
| Chuchu coz. | 1 unidade | 98 cal |
| Cogumelos | 1 col. sopa | 4 cal |
| Couve refogada | 1 col. sopa | 11 cal |
| Couve-flor coz. | 1 col. sopa | 10 cal |
| Escarola | 1 prato raso | 12 cal |
| Espinafre cozido | 1 col. sopa | 15 cal |
| Palmito | 1 unidade | 22 cal |
| Pepino | 1 unidade | 17 cal |
| Pimentão | 1 unidade | 17 cal |
| Repolho | 1 prato raso | 16 cal |
| Tomate | 1 unidade | 20 cal |
| Vagem | 1 col. sopa | 24 cal |

| Grãos e Farináceos | Medidas | Calorias |
| --- | --- | --- |
| Aipim cozido | 1 unid. peq. | 60 cal |
| Arroz branco coz. | 2 col. sopa | 85 cal |
| Arroz integral | 2 col. sopa | 100 cal |
| Batata cozida | 1 unid. peq. | 85 cal |
| Batata frita | (porção peq. McDonald's) | 190 cal |
| Batata frita | 1 col. sopa | 70 cal |
| Canelone de ricota | 1 unidade | 98 cal |
| Empada | 1 unidade | 160 cal |
| Feijão cozido | 1 concha méd. | 100 cal |
| Lasanha de carne | 1 pedaço | 400 cal |
| Lentilha cozida | 1 concha méd. | 104 cal |
| Macarrão 4 queijos | 1 prato raso | 500 cal |
| Macarrão à bolonhesa | 1 prato raso | 250 cal |
| Macarrão ao alho e óleo | 1 prato raso | 438 cal |
| Macarrão ao sugo | 1 prato raso | 230 cal |
| Macarrão | 1 prato raso | 22 cal |
| Milho verde | 1 espiga | 132 cal |
| Nhoque sem molho | 1 prato | 236 cal |
| Panqueca de carne | 1 unidade | 228 cal |
| Pastel queijo | 1 unidade | 120 cal |
| Pipoca | 1 saco grande | 200 cal |
| Pizza calabresa | 1 fatia grande | 320 cal |
| Pizza mussarela | 1 fatia grande | 360 cal |
| Pizza portuguesa | 1 fatia grande | 320 cal |
| Polenta cozida | 1 uni. peq | 85 cal |
| Purê de batata | 2 col. sopa | 110 cal |
| Ravióli sem molho | 1 prato | 300 cal |

| CARNES | MEDIDAS | CALORIAS |
| --- | --- | --- |
| Almôndega | 1 unidade média | 100 cal |
| Atum em conserva | 1 col. sopa (16g) | 45 cal |
| Bife à milanesa | 1 unidade (120g) | 344 cal |
| Bife à parmegiana | 1 unidade (120g) | 392 cal |
| Bife | 1 unidade (120g) | 140 cal |
| Camarão cozido | 4 unidades (120g) | 100 cal |
| Camarão frito | 4 unidades (120g) | 192 cal |
| Carne assada | 1 pedaço (120g) | 345 cal |
| Carne de porco | 1 pedaço (120g) | 278 cal |
| Carne moída | 3 col. sopa (70g) | 136 cal |
| Feijoada | 1 concha média | 344 cal |
| Frango-coxa assada | 1 porção peq. | 100 cal |
| Frango-peito assado | 1 pedaço (120g) | 140 cal |
| Hambúrger-bife | 1 unidade média | 104 cal |
| Kani-kama | 1 stick | 13 cal |
| Lagosta cozida | 1 pires | 98 cal |
| Lula média | 1 unidade | 87 cal |
| Ovo cozido | 1 unidade | 75 cal |
| Peito de peru | 1 fatia (20g) | 30 cal |
| Peixe cozido | 1 porção (120g) | 117 cal |
| Peixe frito | 1 porção (120) | 364 cal |
| Presunto | 1 fatia (20g) | 60 cal |
| Salame | 1 fatia (20g) | 54 cal |
| Salsicha | 1 unidade média | 100 cal |
| Siri | 1 pires | 100 cal |
| Strogonoff | 1 concha média | 300 cal |
| Sushi-peixe cru | 1 unidade (25g) | 54 cal |

| Frutas: | Medidas | Calorias |
|---|---|---|
| Abacate | ½ unidade | 324 cal |
| Abacaxi | 1 fatia | 44 cal |
| Acerola | 1 unidade | 3 cal |
| Ameixa | 1 unidade | 20 cal |
| Amora | 1 unidade | 2 cal |
| Banana | 1 unidade | 60 cal |
| Caqui | 1 unidade | 92 cal |
| Cereja | 1 unidade | 7 cal |
| Damasco | 1 unidade | 20 cal |
| Figo fresco | 1 unidade | 40 cal |
| Goiaba | 1 unidade | 84 cal |
| Jabuticaba | 1 copo peq. | 57 cal |
| Kiwi | 1 unidade | 50 cal |
| Laranja | 1 unidade | 43 cal |
| Maçã | 1 unid. peq. | 52 cal |
| Mamão | 1 fatia peq. | 36 cal |
| Manga | 1 fatia peq. | 39 cal |
| Maracujá | 1 unidade | 45 cal |
| Melancia | 1 fatia média | 48 cal |
| Melão | 1 fatia grande | 32 cal |
| Morango | 10 unidades | 40 cal |
| Pêra | 1 unidade | 68 cal |
| Pêssego | 1 unidade | 30 cal |
| Tangerina | 1 unidade | 48 cal |
| Uva | 1 cacho peq. | 130 cal |

| Pães e Biscoitos | Medidas | Calorias |
| --- | --- | --- |
| Pão light | 1 fatia | 40 cal |
| Pão francês | 1 un. (50g) | 134 cal |
| Pão de fôrma | 1 fatia (25g) | 67 cal |
| Pão integral | 1 fatia (25g) | 70 cal |
| Pão de cnteio | 1 fatia (25g) | 70 cal |
| Pão árabe | 1 unidade | 215 cal |
| Pão de hamburguer | 1 unidade | 188 cal |
| Pão de milho | 1 fatia (25g) | 70 cal |
| Pão doce | 1 un. (50g) | 134 cal |
| Pão de queijo | 1 un. peq. (20g) | 86 cal |
| Pão italiano | 1 fatia (25g) | 70 cal |
| Croissant | 1un.méd. (40g) | 165 cal |
| Panetone | 1 fatia peq. (25g) | 68 cal |
| Bolacha água e sal | 1 unidade | 30 cal |
| Bolacha integral | 1 unidade | 30 cal |
| Torrada | 1 fatia (25g) | 70 cal |
| Granola | 1 colher sopa (12g) | 40 cal |
| Biscoito Amanteigado | 1 unidade | 25 cal |
| Biscoito maizena | 1 unidade | 25 cal |
| Biscoito maria | 1 unidade | 24 cal |
| Biscoito polvilho | 1 unidade (rosca) | 13 cal |
| Biscoito recheado | 1 unidade | 72 cal |
| Biscoito wafer Choc. | 1 unidade | 48 cal |
| Biscoito wafer Mor. | 1 unidade | 49 cal |

| Doces | Medidas | Calorias |
| --- | --- | --- |
| Bala | 1 unidade | 20 cal |
| Bis | 1 fatia peq. | 130 cal |
| Bolo c/ recheio/ calda choc. | 1 fatia peq. | 328 cal |
| Bolo choc. simples | 1 fatia peq. | 153 cal |
| Bolo de banana | 1 fatia peq. | 151 cal |
| Bolo de cenoura | 1 fatia peq. | 113 cal |
| Bombom sonho de valsa | 1 unidade | 113 cal |
| Bombom ouro branco | 1 unidade | 112 cal |
| Brigadeiro | 1 unidade | 120 cal |
| Cereal em barra | 1 unidade | 96 cal |
| Chantilly | 1 col. Sopa | 89 cal |
| Choc. Charge | 1 barra (50g) | 269 cal |
| Choc. c/leite | 1 barra (30g) | 170 cal |
| Choc. Diamante Negro | 1 barra (30g) | 154 cal |
| Choc. Laka | 1 barra (30g) | 156 cal |
| Choc. Prestígio | 1 barra | 151 cal |
| Creme de leite | 1 col. sopa | 92 cal |
| Doce de leite | 1 col. sopa | 116 cal |
| Gelatina com. | 1 col. sopa | 16 cal |
| Geléia diet | 1 col. sopa | 30 cal |
| Goiabada | 1 fatia peq. | 109 cal |
| Leite condensado | 1 col. sopa | 65 cal |
| Marschmelow | 1 col. sopa | 93 cal |
| Mel de abelha | 1 col. sopa | 46 cal |
| Mousse de choc. | 1 col. sopa | 80 cal |
| Mousse de maracujá | 1 col. sopa | 99 cal |
| Pêssego em calda | ½ unidade | 50 cal |

| | | |
|---|---|---|
| Pudim de leite | 1 fatia | 236 cal |
| Quindim | 1 unidade | 475 cal |
| Sorvete | 1 bola | 191 cal |
| Sundae de choc. | (McDonald's) | 309 cal |
| Torta de limão | 1 fatia média | 335 cal |
| Torta de maçã | (McDonald's) | 54 cal |

| QUEIJO | MEDIDAS | CALORIAS |
|---|---|---|
| Cream-cheese light | ½ col. Sopa | 30 cal |
| Cream-cheese tradicional | ½ col. Sopa | 48 cal |
| Queijo catupiry | 1 col. Sopa | 50 cal |
| Queijo de minas frescal | 1 fatia peq. | 49 cal |
| Queijo gorgonzola | 1 fatia peq. | 72 cal |
| Queijo mussarela | 1 fatia | 65 cal |
| Queijo parmesão | 1 col. Sopa | 58 cal |
| Queijo polenguinho | 1 unidade | 67 cal |
| Queijo prato | 1 fatia | 59 cal |
| Queijo provolone | 1 fatia média | 50 cal |
| Queijo roquefort | 1 fatia média | 79 cal |
| Queijo tipo ricota | 1 fatia peq. | 36 cal |
| Requeijão light | 1 col. Sopa | 28 cal |
| Requeijão tradicional | 1 col. Sopa | 54 cal |

| LEITE | MEDIDAS | CALORIAS |
|---|---|---|
| Iogurte desnatado | 1 copo | 80 cal |
| Iogurte natural | 1 copo | 140 cal |
| Leite desnatado | 1 copo | 70 cal |
| Leite integral | 1 copo | 120 cal |

| MOLHO | MEDIDAS | CALORIAS |
|---|---|---|
| Azeite de oliva | 1 col. sopa | 70 cal |
| Ketchup | 1 col. sopa | 12 cal |
| Maionese light | 1 col. sopa | 50 cal |
| Maionese | 1 col. sopa | 105 cal |
| Molho bolonhesa | 1 col. sopa | 40 cal |
| Molho branco | 1 col. sopa | 70 cal |
| Molho inglês | 1 col. sopa | 9 cal |
| Molho roquefort | 1 col. sopa | 78 cal |
| Molho rosê | 1 col. sopa | 99 cal |
| Molho tomate | 1 col. sopa | 13 cal |
| Mostarda | 1 col. sopa | 0 cal |

| BEBIDAS | MEDIDAS | CALORIAS |
|---|---|---|
| Achocolatado c/ leite integral | 200ml | 200 cal |
| Água de coco | 200ml | 36 cal |
| Cerveja | 1 lata | 162 cal |
| Champagne | 100ml | 70 cal |
| Chope | 250ml | 105 cal |
| Coca-Cola | 200ml | 80 cal |
| Guaraná | 200ml | 64 cal |
| Licores | 50ml | 175 cal |
| Milk Shake choc. | 300ml | 336 cal |
| Suco de laranja | 200ml | 120 cal |
| Uísque | 50ml | 140 cal |
| Vinho branco | 100ml | 78 cal |
| Vinho do Porto | 100ml | 160 cal |
| Vinho tinto | 100ml | 80 cal |

## Pensamentos que nos levam à vida light

*Antes de conquistar a leveza do corpo, você precisa conquistar a leveza do pensamento.*

Quando você decide fazer uma dieta ou levar uma vida mais saudável, é preciso estar consciente das mudanças de hábito que estão por vir. Você precisa pensar leve. Somente assim será possível demonstrar o seu amor-próprio e alcançar o que tanto deseja. Para ajudar você a conquistar esta leveza, a Substância escolheu 7 pensamentos. Leia-os com atenção e reflita sobre o que eles estão querendo lhe dizer. Palavras de incentivo são o primeiro passo para a ação.

*Devemos comer para viver e nunca viver para comer.*

Pierre Augustin Caron

Viva com calma, coma sem pressa. Aproveite cada momento, pois eles são únicos e especiais. Por mais saborosa que seja uma refeição, ela deve ser apreciada com moderação. Nunca esqueça de que apreciar um bom prato é ótimo, mas não é a única forma de você ter prazer. Este é um dos segredos do pensamento leve.

*Nada é realmente difícil se você dividir em pequenas partes.*
Henry Ford

O que é mais fácil: carregar um saco de dez quilos ou dividi-lo em dez pequenos saquinhos e carregá-los aos poucos? Pois quando você decide emagrecer é a mesma coisa. Não adianta querer perder dez quilos em um dia. Você precisa se reeducar e criar novos e saudáveis hábitos de alimentação. Não tenha pressa, tenha persistência. Assim, com certeza, tudo será mais fácil e prazeroso.

*Meu corpo é a forma dentro da qual eu vivo, e forma a maneira como eu vivo.*
Rachel Welch

Seu corpo é a sua morada. É por isso que é tão importante cuidar dele. Quando o corpo está bem, você se sente com mais disposição para enfrentar a vida. Quando você está contente com ele, tudo faz você ficar mais alegre. Seus hábitos, sua maneira de encarar os fatos, suas emoções, sua forma de viver, tudo reflete-se no seu corpo.

*Não sabendo que era impossível, ele foi lá e fez.*

Nada é impossível. Por mais árduo que pareça o caminho para a mudança, ele será fácil se você não pensar nas pedras e barreiras, mas sim na recompensa que estará esperando você na chegada. Pensar positivo é ignorar o impossível. Você quer, você consegue. Basta viver um dia depois do outro. E saborear cada momento como sendo único e especial.

*Uma comida bem equilibrada é como uma espécie de poema ao desenvolvimento da vida.*
ATHONY BURGESS

É lindo ver alguém que ama o seu corpo, que declara-se para ele todos os dias através de uma alimentação balanceada. Manter uma dieta rica em nutrientes, com baixos índices de colesterol e gordura, deixará você com mais inspiração para ir ainda mais longe.

*Tudo de bom acontece a pessoas com disposição alegre.*
VOLTAIRE

A alegria é o melhor tempero para uma vida leve. De que adianta você se estressar? No final, tudo sempre dá certo se você encarar o lado bom das coisas. Quer emagrecer? Alegre-se! Você não vai poder comer tudo que quer, mas poderá sentir o sabor de uma vida muito mais intensa. Vai dizer que isso não é motivo de alegria?

*Todo desejo é uma profecia.*
FATHER VINCENT MCNABB

Querer é o primeiro passo para conquistar. Quando você realmente deseja algo, todas as forças movimentam-se a seu favor. Pense positivo, trace objetivos, enxergue as coisas como se elas fossem sempre uma certeza. Você verá que tudo vai acontecer como você planejou, como você visualizou.

# Glossário

Juliene: Alimento cortado em tirinhas finas, em geral legumes para um cozimento mais rápido e uniforme, e uma boa apresentação.

Noizette: Alimento cortado com aparelho boleador (bolinhas) em geral legumes para um cozimento mais rápido e uniforme, e uma boa apresentação.

Ciboulette: Cebolinha francesa usada sempre bem picadinha.

Shitake: Tipo de cogumelo cultivado.

Vinagrete: Molho com ½ copo de vinagre branco,1 cebola média crua, ½ pimentão, 50 g de tomate sem casca e sem sementes, sal e orégano a gosto. Basta liquidificar e servir na salada. 60 cal por porção.

# ÍNDICE DE RECEITAS

MOLHOS .................................................................. 15

Molho branco light ...................................................... 17
Molho de alho-poró e peru defumado .................... 17
Molho de baunilha ...................................................... 18
Molho de chocolate .................................................... 19
Molho de damasco ..................................................... 20
Molho de laranjas e abacaxi ..................................... 21
Molho de queijo e ervas ............................................ 22
Molho de iogurte e frutas .......................................... 23
Molho de iogurte e hortelã ........................................ 23
Molho tártaro ............................................................... 24

SALADAS ................................................................ 27

Alcachofras recheadas ............................................... 29
Carpaccio de palmito ................................................. 30
Salada de cogumelos, abobrinha e tomates ............... 31
Salada de escarola com carpaccio ........................... 31
Salada de frango defumado e frutas ......................... 32
Salada de Vegetais ..................................................... 33
Salada de melão com camarões ................................ 34
Salada de melão à St. Jones ..................................... 35
Salada de vieiras com caviar e cogumelos ............... 36
Salada japonesa .......................................................... 37
Salada mediterrânea ................................................... 38
Salada Palm Beach .................................................... 39
Salada tropical ............................................................ 40
Salada tropicália ......................................................... 41

| | |
|---|---|
| SOPAS | 43 |

Caldo de carne (brodo) ... 45
Caldo de frango (brodo) ... 45
Caldo de peixe (brodo) ... 46
Sopa creme de abóbora ... 47
Sopa cremosa de alcachofra ... 48
Sopa cremosa de legumes ... 48
Sopa cremosa de salsão e camarões ... 49
Sopa de alho-poró ... 50
Sopa fria de pepino ... 51
Sopa gelada de tomate e manjericão ... 52
Sopa rústica de beringela ... 53
Sopa Yocoto ... 53

FRUTOS DO MAR ... 55

Aspic de camarão ... 57
Bacalhau brisa do mar ... 57
Bacalhau à Barcelos ... 59
Caldeirada de frutos do mar ... 60
Crepes de siri à moda Óregon ... 61
Filé de Congro ao molho de maracujá ... 62
Filé de congro à L'Orange ... 64
Filé de linguado ao molho de alcaparras ... 65
Filé de Linguado com molho de limão ... 66
Filé de Linguado com shitake ... 67
Filé de Robalo com juliene legumes ... 67
Lula ao curry ... 69
Mousse de camarão ... 70
Paella de legumes com mexilhões ... 71

AVES ... 73

Escalopinhos de frango recheados com laranja ... 75

Frango petit-pois ............................................. 76
Frango com maçã ao curry ................................ 77
Frango festivo .................................................. 78
Frango surpresa ................................................ 79
Rolê de frango .................................................. 80

Carnes de gado ................................................. 83

Escalopes de filé ao Porto ................................. 85
Escalopes de vitela à bavaria ............................ 86
Escalopes de filé mignon ao molho de estragão ..... 87
Filé chop suey .................................................. 88
Filé mignon ao molho de ervas ......................... 89
Filé mignon ao molho de pimenta .................... 90
Filé mignon ao pomodory sech ........................ 90
Iscas de filé à Portuguesa ................................. 91
Medalhões de filé mignon com legumes gratinados 92
Rosbife de filé ao molho de queijo ................... 94

Massas ............................................................... 95

Canelone à Provençal ....................................... 97
Canelone ao Reno ............................................. 98
Fettuccine à bolonhese ..................................... 99
Fettuccine à Giovani ........................................ 100
Lasanha Netuno ................................................ 101
Panqueca de camarão ....................................... 102
Spaghetti alla carbonara ................................... 104
Talharim com frutos do mar ............................. 104

Sanduíches ......................................................... 107

Sanduíche aberto de camarão ........................... 109
Sanduíche de atum ........................................... 109
Sanduíche de camarão e aipo ........................... 110

Sanduíche light .......................................................... 111
Sanduíche natural ..................................................... 112
Snack de chester com aspargos ............................ 113
Snack de salmão ..................................................... 114

PÃES E BOLOS ............................................................. 115

Canapés de queijo e espinafre ............................... 117
Bolo de chocolate .................................................... 117
Bolo de frutas ........................................................... 118
Bolo gelado ............................................................... 119
Bolo inglês mármore ............................................... 120
Muffins de maçã ...................................................... 121
Muffin de nozes ....................................................... 122

TORTAS ........................................................................ 123

Torta de limão .......................................................... 125
Torta de ricota .......................................................... 126
Torta de ricota e tomate ......................................... 127

SOBREMESAS ............................................................... 129

Bavaroise de framboesas ........................................ 131
Cheese cake de chocolate ...................................... 131
Creme de damascos com baunilha ....................... 133
Cookie de chocolate ................................................ 134
Mousse de frutas vermelhas .................................. 135
Panquecas com calda de chocolate ...................... 136
Pudim de frutas silvestres ...................................... 136
Sorvete de pêssego .................................................. 138
Suflê de chocolate ................................................... 139

# Coleção **L&PM** POCKET (lançamentos mais recentes)

589. **24 horas na vida de uma mulher** – Stefan Zweig
590. **O terceiro homem** – Graham Greene
591. **Mulher no escuro** – Dashiell Hammett
592. **No que acredito** – Bertrand Russell
593. **Odisséia (1): Telemaquia** – Homero
594. **O cavalo cego** – Josué Guimarães
595. **Henrique V** – Shakespeare
596. **Fabulário geral do delírio cotidiano** – Bukowski
597. **Tiros na noite 1: A mulher do bandido** – Dashiell Hammett
598. **Snoopy em Feliz Dia dos Namorados! (2)** – Schulz
599. **Mas não se matam cavalos?** – Horace McCoy
600. **Crime e castigo** – Dostoiévski
601. (7). **Mistério no Caribe** – Agatha Christie
602. **Odisséia (2): Regresso** – Homero
603. **Piadas para sempre (2)** – Visconde da Casa Verde
604. **À sombra do vulcão** – Malcolm Lowry
605. (8). **Kerouac** – Yves Buin
606. **E agora são cinzas** – Angeli
607. **As mil e uma noites** – Paulo Caruso
608. **Um assassino entre nós** – Ruth Rendell
609. **Crack-up** – F. Scott Fitzgerald
610. **Do amor** – Stendhal
611. **Cartas do Yage** – William Burroughs e Allen Ginsberg
612. **Striptiras (2)** – Laerte
613. **Henry & June** – Anaïs Nin
614. **A piscina mortal** – Ross Macdonald
615. **Geraldão (2)** – Glauco
616. **Tempo de delicadeza** – A. R. de Sant'Anna
617. **Tiros na noite 2: Medo de tiro** – Dashiell Hammett
618. **Snoopy em Assim é a vida, Charlie Brown! (3)** – Schulz
619. **1954 – Um tiro no coração** – Hélio Silva
620. **Sobre a inspiração poética (Íon) e ...** – Platão
621. **Garfield e seus amigos (8)** – Jim Davis
622. **Odisséia (3): Ítaca** – Homero
623. **A louca matança** – Chester Himes
624. **Factótum** – Charles Bukowski
625. **Guerra e Paz: volume 1** – Tolstói
626. **Guerra e Paz: volume 2** – Tolstói
627. **Guerra e Paz: volume 3** – Tolstói
628. **Guerra e Paz: volume 4** – Tolstói
629. (9). **Shakespeare** – Claude Mourthé
630. **Bem está o que bem acaba** – Shakespeare
631. **O contrato social** – Rousseau
632. **Geração Beat** – Jack Kerouac
633. **Snoopy: É Natal! (4)** – Charles Schulz
634. (8). **Testemunha da acusação** – Agatha Christie
635. **Um elefante no caos** – Millôr Fernandes
636. **Guia de leitura (100 autores que você precisa ler)** – Organização de Léa Masina
637. **Pistoleiros também mandam flores** – David Coimbra
638. **O prazer das palavras – vol. 1** – Cláudio Moreno
639. **O prazer das palavras – vol. 2** – Cláudio Moreno
640. **Novíssimo testamento: com Deus e o diabo, a dupla da criação** – Iotti
641. **Literatura Brasileira: modos de usar** – Luís Augusto Fischer
642. **Dicionário de Porto-Alegrês** – Luís A. Fischer
643. **Clô Dias & Noites** – Sérgio Jockymann
644. **Memorial de Isla Negra** – Pablo Neruda
645. **Um homem extraordinário e outras histórias** – Tchékhov
646. **Ana sem terra** – Alcy Cheuiche
647. **Adultérios** – Woody Allen
648. **Para sempre ou nunca mais** – R. Chandler
649. **Nosso homem em Havana** – Graham Greene
650. **Dicionário Caldas Aulete de Bolso**
651. **Snoopy: Posso fazer uma pergunta, professora? (5)** – Charles Schulz
652. (10). **Luís XVI** – Bernard Vincent
653. **O mercador de Veneza** – Shakespeare
654. **Cancioneiro** – Fernando Pessoa
655. **Non-Stop** – Martha Medeiros
656. **Carpinteiros, levantem bem alto a cumeeira & Seymour, uma apresentação** – J.D. Salinger
657. **Ensaios céticos** – Bertrand Russell
658. **O melhor de Hagar 5** – Dik Browne
659. **Primeiro amor** – Ivan Turguêniev
660. **A trégua** – Mario Benedetti
661. **Um parque de diversões da cabeça** – Lawrence Ferlinghetti
662. **Aprendendo a viver** – Sêneca
663. **Garfield, um gato em apuros (9)** – Jim Davis
664. **Dilbert (1)** – Scott Adams
665. **Dicionário de dificuldades** – Domingos Paschoal Cegalla
666. **A imaginação** – Jean-Paul Sartre
667. **O ladrão e os cães** – Naguib Mahfuz
668. **Gramática do português contemporâneo** – Celso Cunha
669. **A volta do parafuso** *seguido de* **Daisy Miller** – Henry James
670. **Notas do subsolo** – Dostoiévski
671. **Abobrinhas da Brasilônia** – Glauco
672. **Geraldão (3)** – Glauco
673. **Piadas para sempre (3)** – Visconde da Casa Verde
674. **Duas viagens ao Brasil** – Hans Staden
675. **Bandeira de bolso** – Manuel Bandeira
676. **A arte da guerra** – Maquiavel
677. **Além do bem e do mal** – Nietzsche
678. **O coronel Chabert** *seguido de* **A mulher abandonada** – Balzac
679. **O sorriso de marfim** – Ross Macdonald
680. **100 receitas de pescados** – Sílvio Lancellotti
681. **O juiz e o seu carrasco** – Friedrich Dürrenmatt
682. **Noites brancas** – Dostoiévski
683. **Quadras ao gosto popular** – Fernando Pessoa
684. **Romanceiro da Inconfidência** – Cecília Meireles
685. **Kaos** – Millôr Fernandes
686. **A pele de onagro** – Balzac
687. **As ligações perigosas** – Choderlos de Laclos
688. **Dicionário de matemática** – Luiz Fernandes Cardoso
689. **Os Lusíadas** – Luís Vaz de Camões
690. (11). **Átila** – Éric Deschodt
691. **Um jeito tranqüilo de matar** – Chester Himes
692. **A felicidade conjugal** *seguido de* **O diabo** – Tolstói
693. **Viagem de um naturalista ao redor do mundo – vol. 1** – Charles Darwin

694. **Viagem de um naturalista ao redor do mundo** – vol. 2 – Charles Darwin
695. **Memórias da casa dos mortos** – Dostoiévski
696. **A Celestina** – Fernando de Rojas
697. **Snoopy (6)** – Charles Schulz
698. **Dez (quase) amores** – Claudia Tajes
699. **Poirot sempre espera** – Agatha Christie
700. **Cecília de bolso** – Cecília Meireles
701. **Apologia de Sócrates** *precedido de* **Êutifron e** *seguido de* **Críton** – Platão
702. **Wood & Stock** – Angeli
703. **Striptiras (3)** – Laerte
704. **Discurso sobre a origem e os fundamentos da desigualdade entre os homens** – Rousseau
705. **Os duelistas** – Joseph Conrad
706. **Dilbert (2)** – Scott Adams
707. **Viver e escrever (vol.1)** – Edla van Steen
708. **Viver e escrever (vol.2)** – Edla van Steen
709. **Viver e escrever (vol.3)** – Edla van Steen
710. **A teia da aranha** – Agatha Christie
711. **O banquete** – Platão
712. **Os belos e malditos** – F. Scott Fitzgerald
713. **Libelo contra a arte moderna** – Salvador Dalí
714. **Akropolis** – Valerio Massimo Manfredi
715. **Devoradores de mortos** – Michael Crichton
716. **Sob o sol da Toscana** – Frances Mayes
717. **Batom na cueca** – Nani
718. **Vida dura** – Claudia Tajes
719. **Carne trêmula** – Ruth Rendell
720. **Cris, a fera** – David Coimbra
721. **O anticristo** – Nietzsche
722. **Como um romance** – Daniel Pennac
723. **Emboscada no Forte Bragg** – Tom Wolfe
724. **Assédio sexual** – Michael Crichton
725. **O espírito do Zen** – Alan Watts
726. **Um bonde chamado desejo** – Tennessee Williams
727. **Como gostais** *seguido de* **Conto de inverno** – Shakespeare
728. **Tratado sobre a tolerância** – Voltaire
729. **Snoopy: Doces ou travessuras? (7)** – Charles Schulz
730. **Cardápios do Anonymus Gourmet** – J.A. Pinheiro Machado
731. **100 receitas com lata** – J.A. Pinheiro Machado
732. **Conhece o Mário?** vol.2 – Santiago
733. **Dilbert (3)** – Scott Adams
734. **História de um louco amor** *seguido de* **Passado amor** – Horacio Quiroga
735. (11).**Sexo: muito prazer** – Laura Meyer da Silva
736. (12).**Para entender o adolescente** – Dr. Ronald Pagnoncelli
737. (13).**Desembarcando a tristeza** – Dr. Fernando Lucchese
738. (11).**Poirot e o mistério da arca espanhola & outras histórias** – Agatha Christie
739. **A última legião** – Valerio Massimo Manfredi
740. **As virgens suicidas** – Jeffrey Eugenides
741. **Sol nascente** – Michael Crichton
742. **Duzentos ladrões** – Dalton Trevisan
743. **Os devaneios do caminhante solitário** – Rousseau
744. **Garfield, o rei da preguiça (10)** – Jim Davis
745. **Os magnatas** – Charles R. Morris
746. **Pulp** – Charles Bukowski
747. **Enquanto agonizo** – William Faulkner
748. **Aline: viciada em sexo (3)** – Adão Iturrusgarai
749. **A dama do cachorrinho** – Anton Tchékhov
750. **Tito Andrônico** – Shakespeare
751. **Antologia poética** – Anna Akhmátova
752. **O melhor de Hagar 6** – Dik e Chris Browne
753. (12).**Michelangelo** – Nadine Sautel
754. **Dilbert (4)** – Scott Adams
755. **O jardim das cerejeiras** *seguido de* **Tio Vânia** – Tchékhov
756. **Geração Beat** – Claudio Willer
757. **Santos Dumont** – Alcy Cheuiche
758. **Budismo** – Claude B. Levenson
759. **Cleópatra** – Christian-Georges Schwentzel
760. **Revolução Francesa** – Frédéric Bluche, Stéphane Rials e Jean Tulard
761. **A crise de 1929** – Bernard Gazier
762. **Sigmund Freud** – Edson Sousa e Paulo Endo
763. **Império Romano** – Patrick Le Roux
764. **Cruzadas** – Cécile Morrisson
765. **O mistério do Trem Azul** – Agatha Christie
766. **Os escrúpulos de Maigret** – Simenon
767. **Maigret se diverte** – Simenon
768. **Senso comum** – Thomas Paine
769. **O parque dos dinossauros** – Michael Crichton
770. **Trilogia da paixão** – Goethe
771. **A simples arte de matar (vol.1)** – R. Chandler
772. **A simples arte de matar (vol.2)** – R. Chandler
773. **Snoopy: No mundo da lua! (8)** – Charles Schulz
774. **Os Quatro Grandes** – Agatha Christie
775. **Um brinde de cianureto** – Agatha Christie
776. **Súplicas atendidas** – Truman Capote
777. **Ainda restam aveleiras** – Simenon
778. **Maigret e o ladrão preguiçoso** – Simenon
779. **A viúva imortal** – Millôr Fernandes
780. **Cabala** – Roland Goetschel
781. **Capitalismo** – Claude Jessua
782. **Mitologia grega** – Pierre Grimal
783. **Economia: 100 palavras-chave** – Jean-Paul Betbèze
784. **Marxismo** – Henri Lefebvre
785. **Punição para a inocência** – Agatha Christie
786. **A extravagância do morto** – Agatha Christie
787. (13).**Cézanne** – Bernard Fauconnier
788. **A identidade Bourne** – Robert Ludlum
789. **Da tranquilidade da alma** – Sêneca
790. **Um artista da fome** *seguido de* **Na colônia penal e outras histórias** – Kafka
791. **Histórias de fantasmas** – Charles Dickens
792. **A louca de Maigret** – Simenon
793. **O amigo de infância de Maigret** – Simenon
794. **O revólver de Maigret** – Simenon
795. **A fuga do sr. Monde** – Simenon
796. **O Uraguai** – Basílio da Gama
797. **A mão misteriosa** – Agatha Christie
798. **Testemunha ocular do crime** – Agatha Christie
799. **Crepúsculo dos ídolos** – Friedrich Nietzsche
800. **Maigret e o negociante de vinhos** – Simemon
801. **Maigret e o mendigo** – Simenon
802. **O grande golpe** – Dashiell Hammett
803. **Humor barra pesada** – Nani
804. **Vinho** – Jean-François Gautier
805. **Egito Antigo** – Sophie Desplancques
806. (14).**Baudelaire** – Jean-Baptiste Baronian
807. **Caminho da sabedoria, caminho da paz** – Dalai Lama e Felizitas von Schönborn
808. **Senhor e servo e outras histórias** – Tolstói
809. **Os cadernos de Malte Laurids Brigge** – Rilke
810. **Dilbert (5)** – Scott Adams
811. **Big Sur** – Jack Kerouac
812. **Seguindo a correnteza** – Agatha Christie
813. **O álibi** – Sandra Brown
814. **Montanha-russa** – Martha Medeiros

**ENCYCLOPAEDIA** é a nova série da Coleção L&PM Pocket, que traz livros de referência com conteúdo acessível, útil e na medida certa. São temas universais, escritos por especialistas de forma compreensível e descomplicada.

PRIMEIROS LANÇAMENTOS: **A crise de 1929**, Bernard Gazier – **Budismo**, Claude B. Levenson – **Cleópatra**, Christian-Georges Schwentzel – **Cruzadas**, Cécile Morrisson – **Geração Beat**, Claudio Willer – **Império Romano**, Patrick Le Roux – **Revolução Francesa**, Frédéric Bluche, Stéphane Rials e Jean Tulard – **Santos Dumont**, Alcy Cheuiche – **Sigmund Freud**, Edson Sousa e Paulo Endo – **Economia: 100 palavras-chave**, Jean-Paul Betbèze – **Acupuntura**, Madeleine Fiévet-Izard, Madeleine J. Guillaume e Jean-Claude de Tymowski – **Alexandre, o grande**, Pierre Briant – **Cabala**, Roland Goetschel – **Capitalismo**, Claude Jessua – **Egito Antigo**, Sophie Desplancques – **Escrita chinesa**, Viviane Alleton – **Existencialismo**, Jacques Colette – **Guerra Civil Americana**, Farid Ameur – **História de Paris**, Yvan Combeau – **Impressionistas**, Dominique Lobstein – **Islã**, Paul Balta – **Jesus**, Charles Perrot – **Marxismo**, Henri Lefebvre – **Mitologia grega**, Pierre Grimal – **Nietzsche**, Jean Granier – **Tragédias gregas**, Pascal Thiercy – **Vinho**, Jean-François Gautier

# L&PM POCKET **ENCYCLOPAEDIA**
Conhecimento na medida certa

IMPRESSÃO:

GRÁFICA EDITORA
**Pallotti**
IMAGEM DE QUALIDADE

Santa Maria - RS - Fone/Fax: (55) 3220.4500
**www.pallotti.com.br**